OURHOME

いつもごきげんな“わたし”でいたい！

家事、育児の仕組みづくりと気持ちの切り替えアイデアBOOK

整理収納アドバイザー

Emi

PHP

こんな風に、ごきげんななめで１日が終わっていく「ななめ一家」と、
ごきげんまんてんで楽しい１日を過ごす「まんてん一家」。
あなたはどちらの人生を
選びたいですか？

ごきげんななめ家族、「ななめ一家」の場合

これは、ごきげんななめな「ななめ一家」のとあるお話。

今日は日曜日。久々のパパの休日。朝から家事をして、家族みんなで出かけよう〜！と思っていたのに、まさかの雨。なんでこんなときに雨が降るの！

仕方がないから朝は、家族で片付けとしよう。

「ほら、今日は雨だから出かけられないし、片付けするよ！　このおもちゃもう捨てるよ！いい？」

「パパ、もうこの服最近着ていないでしょ？捨てるよ！」

話しかけても、遊びに夢中、スマホに夢中で、こちらを見向きもしない家族たち。

イライラ、イライライライライライラ……！

でも、久しぶりの休みだし、怒らない。我慢、我慢。

わたしだけ我慢してがんばればいいんだ。

お昼ごはんは、ホットプレートでみんなで焼きそば。あ〜おいしかった！

あれ？　みんな食器くらい下げてよ！

なんでママが片付けしてるのに誰も手伝ってくれないの？

なんでわたしばっかり！

も〜〜〜〜〜〜〜〜！！！　限界！

「いいかげんにして！」

夜寝る前も今日一日を思い出してイライラ。

ああ、どうしてこんなことになったんだろう……。

ごきげんまんてん家族、「まんてん一家」の場合

これは、ごきげんまんてんな「まんてん一家」のとあるお話。

今日は日曜日。久々のパパの休日。楽しみにしていたけれど、雨か。じゃあお出かけはできないけれど、今日は子どもと考えた**「雨の日に、家でやりたいことリスト」にトライしよう！**

ええと、このあいだリストにあげたのは……。

そうだ、「雨の日はクッキーをつくる！」。クッキーの材料はあいにく揃わないけれど、ホットケーキミックスで代用だ！

パパは、料理は得意じゃないけど、カメラ好きだから、せっかくだし、いい写真とってもらおうよ！「カメラマンさ〜ん！　撮影お願いしま〜す！」「はいよ〜！」。

簡単だけど、おいしいクッキーを焼いてみんなで食べられて、雨でもなんだか楽しい1日だね！

さ〜お昼から、ママ、ちょこっとおうちの片付けしたいな。

「ねえみんな、長い時間はみんな飽きちゃうと思うから、**30分限定で、スッキリタイム！**どう？」

「30分ならいいよ！　ゲームみたいで楽しそう！」

パパも息子も、言葉だけではなかなか伝わりづらいので、スマホのタイマーを30分にセット。……30分後、完璧とはいかないけれど、それなりにスッキリしたわが家。

「やっぱり、ときどきスッキリするの、気持ちがいいね！」とパパ。

うん。今日もいい1日が過ごせたな。

また明日からの1週間もがんばれそう！

家族はチーム！

家族を責めずに、仕組みを変えていこう！

「家族」って本当はどういう意味なんだろう？　と辞書で調べてみると、「同じ家に住み、生活を共にする人のこと」を言うそうです。

縁や巡り合わせがあって暮らしを共にすることになった「家族」。結婚当初はお互いに思いやりを持って暮らせていても、家事に育児に仕事に……日々忙しく生活していると、ついついお互いに不平や不満が生まれ、ああしてほしい、もっとこうしてほしい、どうしてこうしてくれないの？　という気持ちが芽生えてきます。

わたしは24歳で結婚をして、27歳で双子を出産。こういった本を書いているわたし自身も、仕事と育児、家事の両立でバランスを見失い、夫とけんかしたことが何度もあります。同級生の夫は、育児にはとっても協力的！　双子の抱っこ、ミルク、オムツ替えもお手の物。子どもとの遊びはわたしより上手です。だけれど、双子の育児休暇中の1年半は、家事はすべてわたし担当でした。わたしのほうが家にいる時間は長いしなあと、少しずつ我慢、我慢。それが双子が泣き止まないある日、プツッと音をたてて何かが切れてしまい、小さな家出をしたこともあるんです。

けんかがしたいわけじゃない。

本当は家族みんなごきげんで暮らしたい。

気持ちはずっとそこにあるのに、目の前の家族を責めてけんか。この状態をなんとかせねば！　と試行錯誤《しこうさくご》しながら【家族を責めずに、仕組みを変えていこう！】というところにたどりつきました。

たとえば夫に食器洗いをお願いしたいとします。

そのときに、「これは食洗機にかけちゃダメな食器だからね！　これはＯＫ、でもこれは手洗いしてね」と、細かく言うのではなく、
・食洗機にかけてもＯＫの食器のみを使うと決める
・食洗機に入りやすい形の食器を選ぶ
つまり【夫を責めずに、仕組みを変えて！】。

誰でも簡単にできる仕組みになっていることで、夫もこれならやってみようかと、今では一家の洗い物担当として奮闘してくれています。

同じひとつ屋根の下に住んでいる、夫もわたしも子どもたちも、それぞれひとりの人間。せっかくなら、いがみ合うのではなく、家族みんな〝ごきげん〟に暮らしをまわしてゆきたいと思っています。

「暮らすこと」を「実験」と、とらえてみよう！

わが家の子どもは男女の双子。同じ日に生まれて、同じように育ててきたつもりだけれど、まったく性格が違うふたりなのです。

思えば、わたしの子育ては、同じことをしてもふたりがこんな風に反応が違うんだ〜と楽しむような、まるで「実験」のような感覚なのかもしれません（誤解をおそれずに言うと）。

たとえば、洗濯物をたたもう！　と声をかけるときも、息子は「1分タイマー、よーいどん！」と時間や誰かと競わせるほうがやる気が出るし、娘は「洗濯物を入れるカゴ、自分の好きな色選んでいいよ！」とお気に入りのアイテムを使うことでやる気が出ます。

洗濯物を自分でたたむための仕組みも、同じ双子でもこんな風に違うのです。

また、「実験」ととらえることで生まれる効果は、ダメだったら、またやり直せばいい、もう1回トライすればいい！　と思えること。

整理収納の仕組みも、声かけも、一度やってダメだったら、すぐに諦めてしまう方もいます。このグッズを買ってもダメだった。こんな声かけうちの子どもには合わない……。

そうではなくて、たまたま今回の「実験」に失敗しただけととらえてみるのはどうでしょうか。やり方やタイミングを変えて、「再実験」してみたら、もしかしたらうまくいくかもしれない！　諦めたらそこで終わりだと思うのです。

わたし自身、毎日良いことばかりではなく、辛《つら》いこともしんどいこともそれなりにやっぱりあります。

でも、うまくいかなかったときに落ち込むだけではなく、「こうしたらうまくいくかな？」「次はああしてみよう！」と家族との暮らしのなかで、日々トライアンドエラーを繰り返し「実験」を楽しむようにしています。

はじめに

約10年前。お腹に双子を授《さず》かり、入院中の病院で、とある先輩双子ママから「とにかく、ママがごきげんでいるのがいちばんよ！」と言われました。その一言が、その後のわたしの育児、そして家族をつくっていくうえで、いちばん影響を受けた言葉かもしれません。

子育て、家事、仕事、どれもごきげんで過ごせている人の共通点は、「自分がどんな風にしたらごきげんで過ごせるのか？」の切り替えのアイデアをたくさん持っていることだと思うのです。

でも、そのアイデアをたくさん出すのが得意な人と、なかなか良いアイデアや工夫が思いつかず、気持ちの切り替えが苦手な人がいるのも正直なところ。

わたしは現在、ＯＵＲＨＯＭＥ主宰、整理収納アドバイザーとして、独立して6年が経ちました。今では、本の執筆、商品企画、企業セミナー、レッスンとたくさんのお仕事に恵まれ、２０１５年には夫が代表となり、法人化。おかげさまでスタッフは現在８名。みんな小さい子どもがいる働くママです。

毎日お昼休みは、お弁当を食べながら、家族や子どもたちのエピソードで盛りあがることが多いOURHOME。

もちろん毎日いい話ばかりではなく、家事を手伝ってくれない夫にイライラしたり、幼稚園にいきたくない！　と子どもが駄々をこねて困っている、というような悩みを持つ、本当に、ふつうのママたち。

そんなとき、子育てに悩んでいるスタッフに、他のスタッフが、「わたしの家ではこんな風にしてるよ〜」「幼稚園のころはうちもそうだったよ、たとえばこんなアイデアはどう？」とアドバイスし合う姿をよく見かけるようになりました。

その姿を見ているうちに、せっかくなら、これらをもっとたくさんのママたちに知ってもらいたい！　そうすることで、ごきげんに過ごせる家族がもっと増えるはず！と、わたしとスタッフの「ごきげんになるためのアイデア」をたくさん詰め込んで、11冊目の本を出版することになりました。

【ごきげんで過ごすために、どうやってみんなは気持ちを切り替えているのかな？】となりのママ友と話すようなそんな気持ちで、この本を読み進めてみてください。

ご縁がありこの本を手にとってくださった方の、今日からの暮らしが少しでも楽しいものになりましたら幸いです。

2018年9月　OURHOME　Emi

この本の使い方

ママがごきげんでいるために
家族の"あるある"お悩みを解決するアイデアを集めました。

毎日の家事、子育て、仕事。
がんばってもうまくいかないこともたくさん。
家族にあたらずに、ごきげんママでいられる
いいアイデアないかなぁ……？

そんなときは、この本を開いて
気になるアイデアを参考に
ご家庭で"実験"してみてくださいね！

IDEA

"お悩み"を解決するアイデア

IDEA

「ぞうきん真っ黒にして〜！」と声をかけてみる

KODOMO ARUARU

1 掃除をなかなか手伝ってくれない！

小学3年生になる息子が、「おかあさん、ぼく、最近掃除が好きになってきた！」と言います。「え！　すごい！　どうして？」と聞くと、「担任の先生が『掃除して！』じゃなくて、『ぞうきん真っ黒にして〜！』って言ってくれるねん。真っ白のぞうきんを、どんどん真っ黒にしたい気持ちになってきた！」と言うのです。なるほど！

「掃除して！」ではなく、「ぞうきんを真っ黒にして〜！」

こう言われると、男子も女子も、みんなで一生懸命ぞうきんを真っ黒にするべく、窓や棚、すみからすみまでピカピカに磨きあげるそう！

毎日楽しそうな息子を見ていると、先生の声かけってすばらしいな！　すごいなあ！　と尊敬の日々です。

そんな息子にすかさず、「じゃあ、家のぞうきんも真っ黒にして〜！」と言うと、キラキラ目を輝かせながらベランダの窓を拭《ふ》いてくれました。いつまで効果が続くかはわからないけれど、効かなくなったらまた次の仕掛けにトライしよう！

掃除お手伝いアイデア

- 子どもが絞りやすい小さなサイズのぞうきんを用意
- ほうきやちりとりは子どもの手の届く高さに置いてみる
- 「●●ちゃん、お仕事お願いしてもいいですか〜？」と声かけ
- 掃除場所別のくじ引きを用意！「掃除してくれるひと〜！」ではなく「くじ引きするひと〜！」と声をかけてみる

022

KODOMO ARUARU

「どうにかしてよ〜！」と思う悩みを子ども・パパ・ママと人別に紹介

掃除お手伝いアイデア

他にもこんな工夫があるよ！と
わたしEmiとスタッフのアイデアを紹介

IDEAがうまくいったら、ページ右下に色をぬって印を！

よし、成功！

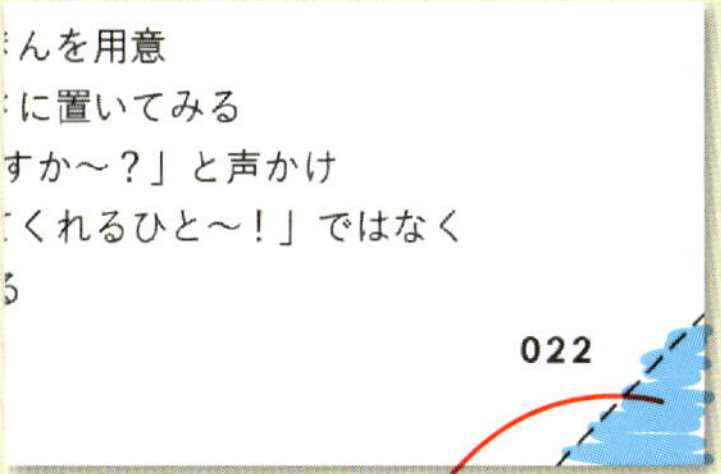

トライしたら、ページ右下に色をぬってみよう！
子どもやパパの反応をメモしても◎

もし、うまくいかなかったら……
ページ下の、その他のアイデアを試して、
再チャレンジしてみよう！

効果
なかったな……

掃除お手伝いアイデア

* 子どもが絞りやすい小さなサイズのぞうきんを用意
* ほうきやちりとりは子どもの手の届く高さに置いてみる
* 「●●ちゃん、お仕事お願いしてもいいですか～？」と声かけ
* 掃除場所別のくじ引きを用意！「掃除してくれるひと～！」ではなく「くじ引きするひと～！」と声をかけてみる

家族や自分にイライラ、
モヤモヤしたときは、
ぜひ、この本を開いてみてください。
一度トライしてだめでも、
日を置くとうまくいくことも！
暮らしは実験！
ごきげんでいるために、
楽しみながら
トライしてくださいね。

もくじ

CHAPTER 1 子ども「あるある」編

CHAPTER 2

パパ あるある 編

CHAPTER 3 ママあるある編

この本に登場するスタッフ紹介

この本に出てくるのは、家事を手伝ってくれない夫にイライラしたり、
幼稚園にいきたくない～！　と駄々をこねる子どもに悩む日々を送る、
本当にふつうのママたち。
0~12歳までの子どもがいるわたしEmiとOURHOMEスタッフ！
家事に仕事に子育てにと、日々働く・暮らすを悩みながら、
でも楽しみたい！　と願う9名です。

Emi（夫、長男9歳、長女9歳）

双子出産後、どんどんラクする片付けを身につけていく。下着・靴下はたたまずぽいぽい収納。家族が自然と協力できるような仕組みづくりが得意！　結婚当初は家事をしたことがなかった夫も、今では料理もつくれるように！

スタッフ 山崎（夫、長女5歳、次女1歳）

ちょっぴりおませな長女と保育所に通いはじめた次女を持つママ。忙しい毎日でも楽しく食卓を囲める工夫を日々実践中。パパの家事協力の秘訣は、ちゃんと言葉で伝える＆担当制でわかりやすく！

スタッフ 佐藤（夫、長女6歳、次女0歳）

長女出産後は、はじめての育児で大変だと感じた時期もあったけれど、OURHOMEで仕事をはじめ、家事、子育てとバランスよくこなせるように。現在、赤ちゃん連れで出勤中。パパの筋トレグッズの収納が悩みのタネ。

スタッフ 藤井（夫、長女 9 歳、長男 5 歳）

13 年間勤めた会社を退職し OURHOME に入社。仕事や子育てで疲れたときも、家族とは笑いのあるコミュニケーションを心がけている。家事の要領がいいパパから指摘がとんでくることも……。

スタッフ 大地（夫、長女 10 歳、次女 10 歳）

性格がまるで違う双子の姉妹を育てるママ。OURHOME に笑いを運んでくれるムードメーカー。家族でハイキングなどアクティブに過ごす休日も好き。旅行のチケット予約はパパ担当で頼りになる！

スタッフ 友廣（夫、長男 6 歳）

幼稚園いきたくな〜い！　とときどき駄々をこねる息子。子どもがやる気を出してくれるようなアイデアを日々試行錯誤。現在ふたり目を妊娠中。結婚当初はマイペースだった夫も、最近は家族の時間を大切にしてくれるように。

スタッフ 上垣内（夫、長男 6 歳、長女 3 歳）

小学校にあがったばかりの息子と、イヤイヤ期まっさかりの娘を持つ。仕事も家事も効率アップのための努力やアンテナ張りは欠かせない。パパは出張で留守も多いけれど子育てには協力的。

スタッフ 矢原（夫、長女 7 歳、次女 4 歳）

仕事と家庭のバランスに悩みながらも、家族にとって「ちょうどいい」に落ち着きはじめたここ最近。休日は公園など自然に触れてストレス解消！　パパは、家事は苦手だけど子どもと遊ぶのは得意！

スタッフ 西口（夫、長女 12 歳、長男 9 歳）

子どもとの遊びの工夫を考えるのが得意！　思春期に入りかけた中学生になる娘と甘えん坊でサッカー大好き少年のママ。パパは、ここ最近、少しずつ家事協力に前向きに。

ブックデザイン　わたなべひろこ
写真　仲尾知泰
PD　小川泰由
（トッパングラフィックコミュニケーションズ）
協力　OURHOME

CHAPTER 1

子ども あるある 編

KODOMO ARUARU

KODOMO ARUARU

1 掃除をなかなか手伝ってくれない！

小学3年生になる息子が、「おかあさん、ぼく、最近掃除が好きになってきた！」と言います。「え！　すごい！　どうして？」と聞くと、「担任の先生が『掃除して！』じゃなくて、『ぞうきん真っ黒にして〜！』って言ってくれるねん。真っ白のぞうきんを、どんどん真っ黒にしたい気持ちになってきた！」と言うのです。なるほど！

「**掃除して！」ではなく、「ぞうきんを真っ黒にして〜！**」

こう言われると、男子も女子も、みんなで一生懸命ぞうきんを真っ黒にするべく、窓や棚、すみからすみまでピカピカに磨きあげるそう！

毎日楽しそうな息子を見ていると、先生の声かけってすばらしいな！　すごいなあ！　と尊敬の日々です。

そんな息子にすかさず、「じゃあ、家のぞうきんも真っ黒にして〜！」と言うと、キラキラ目を輝かせながらベランダの窓を拭《ふ》いてくれました。いつまで効果が続くかはわからないけれど、効かなくなったらまた次の仕掛けにトライしよう！

掃除お手伝いアイデア

* 子どもが絞りやすい小さなサイズのぞうきんを用意
* ほうきやちりとりは子どもの手の届く高さに置いてみる
* 「●●ちゃん、お仕事お願いしてもいいですか〜？」と声かけ
* 掃除場所別のくじ引きを用意！「掃除してくれるひと〜！」ではなく「くじ引きするひと〜！」と声をかけてみる

IDEA

「ぞうきん真っ黒にして〜!」と声をかけてみる

2 兄弟げんかばっかりしている！

わが家の双子はただいま9歳。基本的には仲良しなものの、もちろんけんかは日常茶飯事。

「わたしが歌ってた歌、途中から勝手に歌わないで〜！」
「ぼくが好きなテレビを観たい！　チャンネル変えて〜！」

どこの家庭にもある「あるある」ですよね。
ある程度の兄弟げんかは、子どもの成長に必要なものだけれど、もういい加減にしなさい〜！　と言いたくなる日もあるのが正直なところ。そんなとき、わたしは友達から教えてもらったこの一言を伝えます。

「どうしたら仲良くできるかな？」

IDEA

「どうしたら仲良くなれるかな？」と声をかけてみる

言われると、ハッとする子どもたち。本人たちも、お互いにいがみ合い、けんかが続くのはしんどいなと感じているもの。

先ほどテレビのチャンネル争いをしていた子どもたち。どうしたら仲良くできる？と聞かれると、「毎日、交代ごうたいに、チャンネルを決める！」とアイデアが出てきました。毎晩8時からのテレビは、月水金は息子が、火木土は娘が観る番組を決めるそう！　なるほど、それいいいね！

それを聞いて、【どうしたら解決できるかの方法】をふたりで考え出したことがうれしかったんです。

でもこの話には続きがあって、せっかく決めたルールなのに、娘が曜日を何度も間違えるので、またけんか。もう一度相談して、今度は曜日を書いた紙を壁に貼り出していました！　まさに仕組みづくり、ですね。少しずつですが前進している9歳です。

兄弟げんか解決アイデア

＊「けんかが終わるまで、ママは別の部屋にいるわね～」と子どもだけで解決
＊けんかはダメ！　と言わず、それぞれの気持ちをオウム返しで聞いてあげる
＊甘いものが足りてないんじゃない？　おやつにしよっか！　と切り替え提案
＊10秒間目をつぶってみたら？　と、クールダウンのススメ

3 「もう～！ 早くしなさい！ 学校いく時間だよ！」

言いたくないのについつい言っちゃうこの言葉。わが家では、こんな仕掛けを頼りにしています。

【出発3分前アラーム！】

学校がある平日は、出発時間の3分前に音が鳴るようにスマホのアラームを設定。「ピロピロピロ～♪」と音が鳴ると、誰に言われたわけでもないけれど、子どもたちが「あっ！ 学校にいく時間だ！」と気がついて、ランドセルを背負って、水筒を下げ、出発の準備をします。忙しい朝にはとっても効果的。

レッスン生にこの方法をお伝えしたところ、早速実践されたそう！ いつもなら、出発時間ギリギリまで遊び、「もう学校にいく時間よ！」と毎朝怒られていた小学生と幼稚園の兄弟。それが3分前アラームが鳴ると、自然と弟のほうから「にぃに！ いってらっしゃい！」と言うようになり、アラームの効果に驚いたと同時に、ママ自身がごきげんでいられる幸せを感じたそうです。

時間に気づくアイデア

* 出発の時間に子どものお気に入りの音楽を流して楽しい合図に！
* 時計が読めない場合は砂時計など、時間が見えるアイテムを活用する
* 時計を子どもの視界に入る場所に置いて、時間の意識づけも◎
* 「今何時だっけ？」と質問して子どもに気づかせる

IDEA

「出発3分前アラーム」が効く！

4 習い事、いきたくな〜い！

週に3回、9歳の息子のサッカー練習があります。そのチームのボランティアコーチでもある夫が、息子と会話をしています。

「●●（息子の名前）選手！　今日の目標はどうしますか？」

すると息子は、

「今日は、シュートする気持ちをずっと持って、必ず2点決める！」

と答えています。

夫はいつも練習にいく前に**【インタビュー形式】**で息子に聞いているようなのです。

まるで本当のサッカー選手みたい！

どうして毎回そんな風にするのかと聞いてみると、

「目標はどうする？　こうしたほうがいい、ああしたほうがいい、と親が真面目に聞いたり、指示をすると子どもは萎縮《いしゅく》しちゃう。だからインタビューのように軽い感じで聞くのが大事だし、何より、小さな目標でも、自分で考えて答えるということが大切だと思うんだ」と。

なるほど、なるほどです。

ただなんとなく習い事を続けるのではなく、毎回いく前に、小さな目標を聞く、その結果を見つめる。これを続けることで、子どもにとっても親にとっても、なぜこの習い事を続けるのかが理解できますね。習い事も、勉強も遊びも、「自分で決める、自分で考える」が本当に大事だなと感じるこのごろです。

IDEA

【インタビュー形式】で子どもに今日の小さな目標を聞いてみる

習い事アイデア

* パパやママも一緒に、今週の家事や仕事の目標を宣言する
* 可能なら習い事の曜日を変更して気分を変える
* いつもと違う道を通って、新鮮な気持ちに
* おかあさんも昔、習い事にいきたくないときもあった～と体験談を話す

KODOMO ARUARU

5 早く髪の毛を乾かさないと風邪ひいちゃうよ!

冬の寒い夜、お風呂からあがって髪の毛をすぐ乾かさないと風邪をひいちゃう! 親としてはやきもき。子どもを思って言っているのに、聞かずに走りまわる子どもたち。

わが家は、子どもたちが保育所に通っていたころは、

「いらっしゃいませ〜! ヘアサロンEmiへようこそ。今日はどんなヘアスタイルにいたしましょうか?」

と呼びかけると、ふたりとも洗面所に集まってきたものでした。お店やさんになりきって、「今日はとくべつな乾かし方をしましたので、100万円いただきま〜す!」とお代金を請求することも。

スタッフ上垣内の3歳の娘も毎日ドライヤーをいやがるよう。大好きなぬいぐるみを用意して「バニーちゃんが●●ちゃんの髪を乾かしてるとこ見たいって言ってるよ〜!」と誘うのが良いそう!

子どもがいやがることを、どうしたら面白くさせることができるか? を考えるのは楽しいですね。

楽しく髪を乾かすアイデア

＊ドライヤーの音が苦手なようなら静音タイプのものを使うのも◎
＊吸水マイクロファイバータオルを使って一気に乾かす
＊好きな柄のタオルキャップを子どもと一緒に買いにいく
＊ドライヤーの間は一緒に歌を歌ったり、リビングでテレビを観ながら

IDEA

「いらっしゃいませ〜！」ママヘアサロンを開店

KODOMO ARUARU

6 「え〜っ、今日の晩ごはんいやだ〜」

家族がいると、毎日考えないといけない「晩ごはんのメニュー」。いろいろ考えてみても、結局いつものメニューしか思いつかない。そんな日もあります。5歳と1歳の娘を持つスタッフ山崎は、こんな工夫をしているそう。

忙しくて、焼き魚と副菜、おみそ汁だけしか準備できなかったとある日……。ごはんをおにぎりにして、

「栄養たっぷり、おにぎり定食で〜す！」

と言うと、

「わ〜！　お店やさんみたい！」

と子どもが大よろこび！　しかもペロッと完食してくれたそう！

メニュー自体が変わっていなくとも、**ネーミングが変わるだけで気分がアップしま**

IDEA

栄養たっぷり、おにぎり定食で〜す！楽しいネーミングをつける！

すね。たとえば、いつもの朝ごはんも「バターたっぷり、トーストモーニング」。ありきたりなお弁当も「お肉たっぷり、部活がんばってね弁当」など。

ちょっとネーミングを変えるだけで、つくる「わたし」も楽しくなりそうですね。

また、スタッフ西口は、子どもたちが食べるペースが落ちてきたり、ごはんをいやがったりすると、**【何でも串にさしちゃう！】**そうなんです。からあげも、ブロッコリーサラダも、チーズも！

なるほど！　子どもが食べたくなるイメージがわいてきます。ごはんは毎日のことだから、マンネリ化しがち。つくるほうも、食べるほうもちょっとした仕掛けで楽しめるように工夫していきたいですね。

ごはんを楽しくするアイデア

＊ 学校でおいしかった給食のメニューを聞いて実践！
＊ リビングにレジャーシートでピクニック気分
＊ ごはんをおにぎりにするだけで気分転換！
＊ 夕飯をお弁当箱に入れて出してみると子どもはワクワク

ママに言われて やる気になる一言って なあに？

□子ども編

何して遊ぶ～？

3

妹に、優しくしてくれて ありがとう

1

ママ、見にいくね！

4

2

今日、ママと デートしよっか！

3 最高にうれしい言葉！　これを言われるとどんなに疲れていても、一気に元気になる！　30分でもいいから毎日期待して待ってるよ。（9歳／男の子）

1 生まれたばかりの妹のお世話をしているときに言われて、優しいおねえちゃんになりたいからとってもうれしかった！（6歳／女の子）

4 器楽部に入部を決めたとき、今度見にいくよ！　と言ってもらえてやる気がわいてきた！（9歳／女の子）

2 ママに言われると幸せな気持ちになる。弟と一緒もうれしいけど、ママとふたりだけっていう特別感が最高！　いつもケーキセットを頼んでお茶デート。（12歳／女の子）

OURHOME スタッフの子どもたちに、
ママから言われてうれしかった言葉をインタビュー。
もっと印象的なフレーズなのかな？　と思っていたら、
いつもの毎日のふつうの言葉で、びっくり！
でも、こんなにシンプルな言葉でうれしいんだな！　と安心しました。
お子様にインタビューしてみてくださいね。

7

ゆうちゃん、
何を着ても似合うね～

5

ひろとなら、
できるよ！

大好きだよ！

8

いってらっしゃい！

6

7 わたしが選んだ服を、おかあさんが、かわいい、似合うよって褒めてくれたらうれしい気持ちになるよ。
（9歳／女の子）

5 運動会で披露する鉄棒の逆上がりがなかなかできなかったとき、ママが「ひろとならできるよ！」と言ってくれて安心したよ。（6歳／男の子）

8 寝る前に、おかあさんが言ってくれると安心するよ。いやなことがあっても元気になれる！（9歳／女の子）

6 毎日、学校にいくときに、ママが玄関のお外に出て「いってらっしゃい」と言ってくれること。毎日うれしい気持ちになるよ！
（7歳／女の子）

7 あれ？　最近なんだかイライラしてる？

わが家の子どもは小学3年生。習い事はそれぞれ2つ。他のお友達と比べると、数は少ないほうだと思うのですが、それでも、学校に習い事に、たくさんの行事。最近の小学生は、もしかすると大人より忙しいのかもしれません。

季節の変わり目や、進級のタイミングなど、子どもたちが、「もう〜！」とイライラしたり、しくしく涙してみたり。そんなときってありますよね。

同じく小学生の子を持つスタッフ大地は、子どものそんなサインに気がつくと、こう伝えるそう。

「毎日、学校いって、習い事いって分刻みのスケジュールこなしてるってすごいね〜！天才だよ〜！」と**【当たり前のことを褒《ほ》める】**。

IDEA

「今日は当たり前のことを褒めよう！」

なるほど！ と思いました。子どもたちが大きくなってくると、あれもこれも、と求めがちですが、朝起きてごはんを食べる、学校にいく、友達と遊ぶ、習い事にいく、健康で毎日を過ごせるって、それだけですごい！

ママだって、「毎日ごはんをつくってくれてありがとう」と当たり前のことを褒められたらうれしいものですよね。きっと子どもだってそうです。

今日は帰ってきたら、当たり前のことを褒めて、ぎゅーっと抱っこ！ してみようかな。

イライラ切り替えアイデア

* 「ママもイライラすることあるよ〜」と共感する
* 子どものイライラの切り替えができたとき、何が理由かメモして次の参考に！
* 「今度ケーキやさんいこうよ！」と気分転換できることを一緒に考える
* とにかくいつでもどこでも、ぎゅーっと抱っこ！

KODOMO ARUARU

8 せっかくの週末が雨〜、ひま〜！ やだやだ〜！

子どもがいると雨の週末は悩ましい……。どこかに出かけるにも雨のなかは大変だし、かといって家に一日中いるのも気が滅入りそう……。そんな雨の日どうしてる？とスタッフに質問してみました。スタッフ藤井は、雨の日は自宅で子どもたちが工作を楽しめるように、空き箱や卵パックを集めているそう。

また、10歳の双子の姉妹がいるスタッフ大地は、「雨の週末は家でお菓子づくり」と決めていて、先日は子どもたちでレシピを解読しながら最初から最後までふたりだけでクッキーづくり。雨だからいやだな〜ではなく、「雨の週末も楽しいな」そんな風に思えるように、雨なら工作、雨なら手づくりお菓子、と、その家なりの、「雨の日のお楽しみリスト」をつくるといいですね！

ちなみに、わが家は、雨の日は毎回ではないけれど「子どもの写真整理の日！」としています。ついつい溜まってしまう子どもの写真。家族みんなで、この写真アルバムに入れよう！ これは変な顔だよ〜と言い合うのもまた楽しいですね。

雨の日の過ごし方アイデア

- ＊部屋にレジャーシートやテントを広げてごはんを食べる
- ＊テレビやゲームの時間をいつもより多めに、少しルールをゆるめてみる
- ＊ごはんのときは子どももエプロンをつけてファミレスごっこ。子どもが店長！
- ＊「○○（地名）／雨／遊び／子ども」と検索して、雨の日でも出かけられる場所を探す

IDEA

わが家の、「雨の日のお楽しみリスト」をつくる

9 毎日忘れ物しちゃう……

先日、わが家の双子が、「学校で図工室にいく前の合言葉があるねん〜。『の、は、せ』っておかあさん、何かわかる？」と聞きます。

「うーん、何かな？　おまじないみたいだね〜。ノリノリで、端っこを、整列して歩こう？　違う？」

まだまだかわいい子どもたちは大爆笑〜。でもどうやら違うようなんです。

「の、は、せ」とは、「のり、はさみ、セロハンテープ」の頭文字をとってつくった合言葉！　きっと持ち物を忘れて図工室から教室に戻る子が多いのでしょう。図工の先生が考えた合言葉「の、は、せ」！　これなら、子どもたち同士でお互いに声をかけ合うことができるし、とってもいいアイデアですよね。

IDEA

「毎日の持ち物を、合言葉で覚える！」

学校の準備も、できるだけ忘れ物がないように、自分で工夫して準備できるのが理想です。忘れ物をする子どもを責めるのではなく、仕組みで解決できることもたくさん。たとえば、玄関の扉に毎日の持ち物を貼り出しておく。忘れがちなティッシュやハンカチは、玄関の棚の目につくところに置く。などなど。

ちなみにわが家の息子は、習い事のサッカーにいく際、タオルや氷を忘れがちでした。持ち物リストを一緒につくってクリアファイルに入れて玄関へ。わたしが不在のときも自分で確認して準備をしているようです。

じつは、どちらかというとわたしのほうが忘れ物が多いここ最近（ちなみに今日もスマホを自宅に忘れてきてしまいました……）。子どもたちの合言葉を応用して、出発前の持ち物も、「か、さ、す」！「鍵、財布、スマホ」！明日から早速使います！

子どもの忘れ物防止アイデア

＊学校に必要なものはバラバラに置かずに1箇所にまとめる！
＊ふでばこ！ 下敷き！ 連絡帳！ と点呼式でチェックする
＊「水筒持った？」とスマホでアラームを鳴らす
＊ママのカバンの中身も一緒にお互いチェックし合う

THEME TALK 1

子どものおもちゃのお片付け

= Emi

みんなそれぞれ小さな子どもがいると、おもちゃの片付けは日々の悩みのひとつかな？　おもちゃはどんどん増えてくると思うけど、整理はどうしてるの？

山崎　もうずいぶん成長してきたから、昔のおもちゃはいらないよねって思うけど、「このおもちゃまだいる〜？」って聞くと、「いる〜！　ぜんぶいる〜！」って答えるんです……。え！　最近ぜんぜん遊んでないやん〜！　といくら説得しても無理で……。置いておけるスペースがあったらいいのですが、なかなかそういうわけにもいかず。

なるほど〜。「これいる〜？」って聞かれると大人でも、「いらない」ってなかなか答えづらいよね。じつは子どももそうみたい。いるか、いらないかの2択で聞かれると、どうしても「いる！」って答えちゃう。そういうときは、【質問の仕方】を変えるといいよ！　魔法の言葉は「ここにあるものから、いちばん好きなおもちゃ選んでみて！」。好きなものを選ぶというのはとってもポジティブで、選びやすい判断基準。選ばれなかったものをすぐに捨てる！　というわけではなく、ダンボールに入れて一時保存。「分ける」だけでおもちゃは使いやすく、しまいやすくもなるよ！

西口　うちは子どもたちと、3カ月遊ばなかったおもちゃは処分↖

するというルールをつくりました。わたしが勝手に決めたのではなくて、子どもたちから出てきたのでびっくりしました！

おもちゃを置いておきたい！ とこだわりが強いのは、じつは子育てのなかの一瞬のことで、小学生になるとおもちゃも自然と減ってくるよね。

佐藤 うちの6歳の娘は、お誕生日におもちゃを買ってもらう前に、「新しいおもちゃどこに置く〜？」と一緒に考えるようにしています。新しいおもちゃが来る前はワクワクするみたいで、そのタイミングだと、おもちゃの整理もノリノリです。

それいいね〜！ おもちゃ↘だけでなく、洋服の整理はどう？

上垣内 うちは最初は処分することをいやがっていたんですけど、「いとこの●●ちゃんにあげる〜？」と具体的にゆずる相手の名前を言ってあげると、どうやらイメージができるみたいで、すんなりゆずったり処分してくれるようになりましたよ！

やっぱりおもちゃや洋服の整理は、子どもと一緒に目の前でやるのが大切だと思うよ。優先順位をつけて仕分けることで、ゆくゆく子どもたちが自分の考えを自分で整理することにもつながってくれたらうれしいね！ まさに「おかたづけ育」だね！

KODOMO ARUARU

10 今日どうだった？　と子どもに聞いても「ふつう〜」「忘れた〜」と、なかなか自分のことを話してくれない

今年小学校にあがったばかりのスタッフ上垣内の息子。母としては、今日はどんなことがあったのかな？　お友達できたかな？　と「今日あった出来事や様子」を教えてほしいと思うもの。

「今日学校どうだった？」と聞いても、「ふつう〜」「忘れた〜」とばかり言うそうなんです。

そんなとき先輩ママのスタッフ藤井が、「何かあった？　どうだった？」と漠然と聞くと答えてくれないから、「給食おいしかった？　どんなメニュー？」とか「お昼休みは誰と遊んだの？」と具体的に聞くといいよ！　と話していました。

確かに大人でもそうですよね。今日どうだった？　と聞かれると、可もなく不可もなくふつうの日。そんな日もあります。

IDEA

子どもに今日の一日を具体的に聞く&ママの今日の一日を話す

また、わたしが心がけているのは、「おかあさん、今日は仕事でこんなことがあってさ〜、新しく知り合った人と話して楽しかった〜」や、「おかあさんお昼はパスタを食べたよ、●●ちゃんは?」と、**【おかあさんの今日の一日を話す】**ようにしています。

そのあと、子どもに様子を聞くと、いろんなお話をしてくれるようになるんです。自分の心をオープンにすると、相手も心を開いてくれるのは、他人であれ家族であれ同じですね。良いことばかりでなくても、お互いの今日の一日を話して、家が安心できる場所であることが幸せなことだなと思います。

子どもが話したくなるアイデア

* 「体育で何したの〜?」と子どもの好きな教科の話題からはじめる
* 寝る前に「今日いちばん笑ったこと何〜?」と楽しかったことの振り返り
* 質問は一気に何個もせず、具体的にひとつずつを心がける

KODOMO ARUARU

11 あれ？ リビングのティッシュ、どこに持っていったの？

数年前のわが家のあるある。リビングで、ティッシュをとろうと思ったら、あれ？ ない！ どこいった!? 時にテーブルの下、時にカウンターの上、時にソファーの上！ なぜか誰かがどこかに持っていくのです。あるとき、この「ティッシュどこいった問題」に、真剣に向き合うことにしました。どこかに持っていく家族を責めるのではなくて、そもそもティッシュ自体を固定して、人が動く仕組みにしたらどうだろう？ と考えたのです。

現在、わが家のローダイニングテーブルの下には、強力マグネットでぴったりくっつけたティッシュ！ この形にしてから、いつでもティッシュはここにあり、自然とここにとりにいくことに。とても小さな変化かもしれませんが、誰かを責めることもなく、家族のストレスが減り、わたしは小さくガッツポーズ！ 最近では、子どもの友達が遊びにくると、子どもが「ここにあるねんで〜！」と自慢げ。困ったときに誰かを責めずに、どうしたらうまくいくかな？ と考える気持ち、伝わるといいなと思っています。

行方不明にならないアイデア

＊持ち手付きのティッシュカバーを椅子に引っ掛けて固定する
＊ティッシュケースを木製の重た〜いものにして動かないように！
＊爪切り、ハサミも裏側にマグネットをつけてテーブル下に固定

IDEA

「ティッシュはテーブル下に固定」人がそこにとりにいく！

Emiさん教えてQ&A　子育て編1

レッスン生や読者の方からいただいたご質問にお答えします

Q ワーキングマザーです。少ない時間のなかでの子どもとの楽しみ方は？

あまり「子どものために」何かをしてあげようと、張り切りすぎないことがコツかもしれません。ママが楽しく笑顔でいるのがいちばんかな！　と思います。わたしの場合は、趣味の時間も子どもが起きているときにしていますよ。

小学3年生と大きくなってきたので、ままごとやぬいぐるみ遊びは卒業したのですが、やっぱり「おかあさんと一緒に何かしたい！」ということはあります。そんなときは、子どもと一緒にマイノート！（P.138参照）娘も雑誌を切り貼りして感想を書いたり、お友達からもらったお手紙を貼ったりと、楽

Q Emiさんが親御さんにしてもらって良かったことはどんなことですか？

たくさんありますが、最近思い出したのは、わたしが小学3年生のときのこと。1年生のときに買ってもらったばかりの学習机の上のラックを「とりはずしておしゃれに使いたい！」とわがままを言ったんです。それを両親は「捨てるのはもったいないけど、はずすのはOK」とすぐにはずしてくれたんですね。ふつうなら、もったいない！　とか、面倒くさいからそのままでいいんじゃない、と言われそうなものなのに。中学生のときは部屋の壁にペンキを塗りたい！　と言ったのですが、自分でやるならいいよと言ってもらい、友達と一緒に塗ったのも懐かしい思い出。やりたいことをさせてもらったことが、結果、今の仕事に繋がっていてとても感謝しています。

しんでいます。小さいころから、自分の好きなものを集める、ってすごく大事なことだと思うので、これは一緒にずっと続けていきたいなと思うことですね。

Q 子どもの偏食、いろいろ試したけどうまくいきません。Emiさんはどうでしたか？

じつはわたし自身、子どものころは大変な「食べず嫌い」だったんです。給食も大の苦手でした。目玉焼きを食べられるようになったのは大学生のころ！　でも、大人になるにつれて、友達にすすめられた一言で新しい食材が食べられるようになったりと、いつのまにか食べられないものがないくらいになりました！（いや、納豆以外）小さいころに強制されていたら、またそれは違ったような気もしていて。もちろん、小さなころから何でも食べられたら幸せですが、無理強《じ》いするよりも、「食事って楽しいな！」の環境づくり、仕組みづくりのほうが将来に繋がる気がしています。

KODOMO ARUARU

12 リビングのラグ、いつもずれてる！まっすぐにしてよ～

家のなかで走りまわる子どもたち。リビングのラグがずれる問題は、どこの家でもあるような気がします。わが家の場合、ラグを購入するなら絶対これ！と決めている形があるんです。それは、

「ずれても気にならない丸い形！」

四角いラグだとずれが気になるけれど、丸い形はずれてもずっと丸！子どもや家族がきれいに戻してくれない、そんなときに誰かを責めるのは簡単だけれど、それではみんなが不きげんに。では、どうしたらうまくいくのかな？そもそもの形や仕組みを見直すと、小さなストレスがなくなっていきます。ほかにも、ソファーを汚されてイラッとしてしまうなら汚れが目立ちにくい素材や、さっと拭ける素材を選ぶ。小さなことだけれど、自分をごきげんにするためにとても大事なことなんです。

＼そもそもを見直すアイデア／

* 椅子も丸い形なら揃えなくても、どう置いても丸！
* ダイニングの椅子はベンチタイプなら出しっぱなしも気にならない
* トイレや玄関マットはそもそも置かない
* 子どもが小さい間はラグの代わりにジョイントマットを使う
* クッションは転がっていても気にならないコロンと丸い形のものを選ぶ

IDEA

そもそも、ずれても気にならない丸い形のラグを選ぶ

KODOMO ARUARU

13 配膳の準備、なかなか自分でやってくれない

お茶碗を用意して、お箸、コップ、お皿と、毎日の夕飯の配膳を、少しでも子どもが手伝ってくれたらラクなのにな……。そんなとき、「手伝って」と声をかけるだけではなかなかうまくいかないもの。

わが家も、双子の子どもが4歳のとき、「おかあさん、ぼく、おかわり～」「おかあさん、わたしもおかわり～」と何度も言われ、その度にキッチンに立つのが大変に感じてきたころ（たくさん食べてくれるのはうれしいけれど！）、**「ごはんできたよワゴン」をつくりました。**

炊飯器、お茶碗、しゃもじ、お茶、お茶ポットと、配膳に必要なものがすべてまと

まっているワゴン。

これひとつあれば、ごはんのときに、子どもたちが、ガラガラ～ッとダイニング横に移動させ、自分でごはんをよそうことができるようになりました。麦茶も子どもたちが小さいときは冷蔵庫を自分であけるのが大変だったので、このワゴンにプッシュ式の魔法瓶をセットして自分で注ぐように。「麦茶はご自由に」システムの完成です。

ちょっとしたことなのですが、ネーミングの響き、ガラガラと押す楽しみが加わることで、お手伝いさせられている、とも感じず、楽しく参加。

いつのまにか、それが自然となってくれるとうれしいなと思っています。

IDEA

「ごはんできたよワゴン」「麦茶はご自由に」システムを用意する

お手伝いアイデア

＊カトラリーをひとつのかごにまとめて、そのままテーブルに出すだけに！
＊子ども専用エプロンを準備してレストランごっこ
＊「2名さま入りま～す！」「はい、よろこんで～！」と居酒屋スタイル！
＊落としても割れない食器を使って、運んでもらいやすくするのも◎

KODOMO ARUARU

14 「今日は学校いきたくないよ〜」

親のわたしたちだって、仕事にいきたくないな、そんな日もあるのだから、子どもにだって、幼稚園や学校にいきたくない、と思う日があって当然。

「学校にいきたくない」と子どもが言ったとき、深刻な顔をしていたら、もちろんゆっくり話を聞いてあげることは大事。でも、あれ？　ちょっと言ってみたいだけかな？　そんな日は、

「じゃあ、今日、おかあさんお弁当にお手紙つけてあげるね」

そう言って、小さなメモに、メッセージを添えて。お昼に楽しみが待っていると子どももワクワクしますね。

わが家の双子の2年生の夏休み、学童保育にいくのをいやがったある日、お手紙つきのお弁当を持って登校。ふたりともとっても喜んでくれたのですが、息子は友達の前ではちょっと恥ずかしくて、さっとリュックに手紙を隠したそう。成長がうれしいようなさみしいようなこのごろです。

学校にいきたくなるアイデア

＊「いきたくないよね〜。わかるわかる」とオウム返し
＊ママも（お仕事）がんばってくるからね！　と応援し合う
＊帰宅後に公園にいくなど、お楽しみをつくっておく
＊「今日の給食は何かな？」と話題を変えてみる

IDEA

お昼のお弁当に、ママの手紙を忍ばせる

Emiさん教えてQ&A　子育て編2

Q　子どもが学校でいやな思いをして帰ってきた日など、どう声をかけていますか？

このあいだ息子が「今日は全然いいことがなかった日やった……」と落ち込んで帰ってきました。「途中から雨が降ってサッカーできひんかった、赤白帽子忘れてしまった、しかも砂場でうんちふんじゃった……」（笑いをこらえたのはここだけの話）。その日、たまたま、スタッフから「今日は今からいい一日にできる」と素敵な言葉を聞いたんです。きた！　今だ！　と、息子に伝えました。「今日は今からいい一日にできるんよ、今から楽しいことしよ！」と。もちろん深刻な話であればゆっくり聞きますが、仕事をして

Q　「おもちゃ買って！」攻撃が止まりません。甘やかしたくないのですが、どう対処すればいいでしょうか？

わが家の場合、息子はあまり物欲がないのですが、娘はいろんなものが欲しいタイプ！　でも、昔から「買って～！」と言われてすぐに買うことはせず、「ダンボールでつくろっか？」と返し続けてきました。今は年に2回、クリスマスと誕生日だけおもちゃがわが家にやってきます。おねだりをされてすぐに買う、が続くと、どうしても子どもはそれを覚えてしまいます。親の気持ちの揺らぎで、今日はOK、明日はダメというのは酷な気もします。新しいおもちゃを買うなら、それをしまえる場所を

Q　子どもふたり（小2、年中）に、片付けが「面倒なこと」「やりたくないこと」と思われているんです……どうしたらいいですか？

なるほど……。では、おかあさんはどうでしょう？　片付けは「面倒なこと」「やりたくないこと」と思っていますか？　もしそうだとしたら、きっとお子さんがそうなるのも無理はないかもしれません。でも、急には「スッキリ！　楽しい！」とはなれないのも現実……。わたしなら、まずは、毎日使う場所、たとえばダイニングテーブルの上だけは、何も置かない！　スッキリ！　をキープする。その背中を子どもに見せて、気持ちいい～～～！　を大きく家族にアピールする。まずはそこからはじめます！

いて得た素敵な話はどんどん家でも活用していきたいなと思っています。

つくってから！　と一緒に整理するのもひとつですね。

子どもは親の背中を見ているものです。まずは、自分から！　ですね。

気持ち切り替えアイテム 子ども編

やる気がなくなったとき、どんな風に気持ちを切り替えているのかな？
OURHOME スタッフの子どもたちにインタビューしてみました。
聞いてみてはじめて知った！　というママ多数。
子どもとのコミュニケーションのきっかけにもなりますよ。

3

1

4

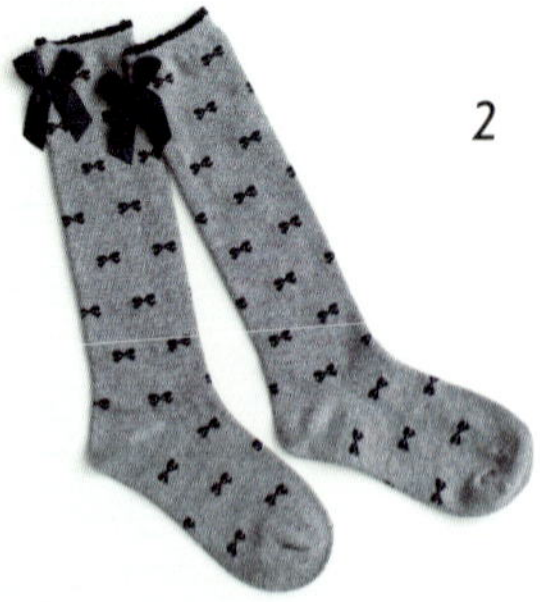

2

3 スライムを触る！

勉強やだな〜と思ったら、机の上のスライムをぷにぷに無心で触って気持ちをあげる！
（10 歳／女の子）

1 お気に入りのランチクロス

6 時間目がある日はやだなーと思うけど、お気に入りのランチクロスで給食を食べるとがんばれる！（9 歳／女の子）

4 お友達との写真を持っていく

家族と旅行にいくときに、寝るときにお友達を思い出したいから、必ずかばんに入れて持っていく。（6 歳／男の子）

2 リボン付きのハイソックスを履く

チアダンスの習い事のとき、お気に入りの靴下を履くとやる気アップ！（6 歳／女の子）

7

5

8

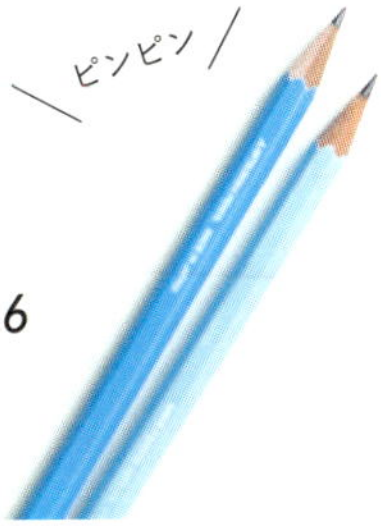

6

7 展開の速いお話の本を読む

ベランダで本を読む。本は現実よりすごいことが起きるから、現実の悩みがちっぽけに感じちゃう！（12歳／女の子）

8 気持ちいいところに寝ころがる

ほっぺをパチッと叩いて気持ちのいいところに寝ころがる（本当はママのおひざ）。
（9歳／男の子）

5 ふわふわのブランケットを触る

寝るときも、泣いているときも、がんばるときも、いつも持っているブランケット。
（3歳／女の子）

6 ピンピンのえんぴつを使う

宿題のやる気がなくなったら、えんぴつをピンピンに削ってやる気を出す！（9歳／男の子）

CHAPTER 2

パパあるある編

PAPA ARUARU

PAPA
ARUARU

1 スーツの上着を、ダイニングの椅子にかけないで！

スーツの収納場所は、2階のクローゼットと決まっている。そんなに量も多くないし、整理してあるから収納もしやすいはず。それなのに、パパはいつも1階のダイニングチェアに上着をかけっぱなし！

これは実際のレッスン生のお話……。ご主人にお話を伺ってみると、毎晩遅くまで仕事で疲れて、駅からの道を重たいカバンを持ちながら、やっと帰ってきたあと、2階への階段をのぼることさえもおっくうだったそう。そこで、1階の和室の押入れを、パパのスーツ収納場所に変更することをご提案。

「パパのために、収納場所を見直したよ」。その一言で、ご主人は毎晩きちんと和室の押入れにスーツをしまってくれるようになったそうです。

また、スタッフ西口は、玄関にスーツ専用のハンガーラックを設置！　これなら疲れて帰ってきてもさっとここへ戻せそう！　忙しい平日には、短い動線で収納できる工夫が良いですね！

脱ぎっぱなし対策アイデア

＊スマホや腕時計など、つい置いてしまう場所にトレーを置いてスッキリ
＊カバン置き場もどこがいちばん置きやすいか一緒に話し合って決める
＊戻す場所に子どもの写真や「お仕事ありがとう！」のメモを添えても◎
＊収納場所の扉を開けるのが面倒なら、一度はずしてみるのもオススメ
＊壁にフックとハンガーを設置して、居酒屋さんスタイルに！

IDEA

元に戻せないのには理由がある。動線上にラックを設置

PAPA
ARUARU

2 会社の人間関係で悩んでいるみたい……

夕飯時の浮かない顔。パパどうしたのかな？　聞いてみると、会社の上司から厳しい言葉を投げかけられることが続いているそうで、とっても疲れている。長年夫婦をしていると、夫のそんな姿を見ることもきっとあると思います。

先日、レッスン生からこんな素敵な話を伺いました。

「夫はよく上司への愚痴をこぼすのですが、わたしがその上司に『やっちゃん』というあだ名をつけて、家のなかで、『また、やっちゃん、そんなこと言ったの～!?　困ったやっちゃんだね～』と、ちょっと茶化すような感じで話すんです」

するとご主人も自然と笑顔になるそう。働く環境はすぐには変えられないけれど、ちょっと苦手な人にはあだ名をつけて呼ぶのもいいですね（ただし家のなか限定で！）

スタッフ山崎は、出張で疲れて帰ってきたパパに「移動疲れた～」と言われたときは、とにかくオウム返しで同意してあげるそう。「疲れるよね～、わかるわかる」、そんな風に言ってもらえると安心しますね。スタッフ上垣内は、パパが大きな仕事をして苦労しているときは「求められるってすごいことだよ～！」と励ますそう。

なんだかスタッフみんなの夫婦の話を聞いて、その愛に、優しさに、ほろっときそうになったわたしです。わが家は結婚して12年。一緒にいる時間も長くなってきて、夫の今日はすごくしゃべりたい気分なんだなとか、そっとしておいてほしいんだなというタイミングもわかるようになってきたこのごろです。

IDEA

「当たり前だけど、よーく話を聞く&苦手な人をあだ名で呼んじゃおう！」

パパの仕事相談アイデア

* ママ自身の悩んだ経験やどう解決したかを話してみる
* 苦手な上司の良いところは？　良いところ探しをしてみる
* アウトドアなど平日がんばったあとの週末の楽しみを提案する

PAPA
ARUARU

3 ゴミ出しをお願いしてもすぐに忘れちゃう!!

パパが協力してくれている家事は何？　と聞くと、いちばん多い答えが「ゴミ出し！」。OURHOMEスタッフの間でも、これがいちばん多いのです。

・家中のごみを集めるところから捨てるまでをすべてやってくれる
・ゴミをまとめておいて玄関に置いていたら持っていってくれる
・生ゴミはいやがるけれどダンボール回収だけは率先して！

などいろんなタイプのパパがいます。わが家は回収からやってくれる派（ありがたい！）なのですが、そのゴミの曜日をすぐに忘れちゃうんです……。また忘れてる～！という気持ちをちょっと切り替えるには？

わが家が使っているのは、「**全国ゴミの日アプリ**」。夫は毎朝スマホで、ニュースチェックをしているのですが、そのタイミングでピロン♫　今日は燃やすゴミの日！と案内がくる設定に！　これで忘れずにゴミ出しをしてくれるようになりました！

パパのゴミ出しアイデア

＊パパの出勤前に玄関にゴミを出しておくなど、目につくところに置いておく
＊「今日は何のゴミの日でしょう？」とクイズを出す。ストレートに「出してね！」と言われるより気持ちよく取り組める
＊「ゴミを出してくれてありがとう～！」と、出す前に言ってみる

IDEA

「ゴミの日アプリを利用してみる」

PAPA ARUARU

4 買いたい物を提案しても乗り気になってくれない

思いついたらすぐに行動したいわたしの母は、父に「収納グッズが欲しいから週末すぐに買いにいきたい!」と言います。でも父は「本当に必要か? 同じようなものあるんじゃない?」とあまり乗り気でない様子。

母は、「またお父さんに反対された〜」と嘆く。でも横で話を聞いていると、母の伝え方が、唐突《とうとつ》なような気もするのです。

わたしはどんな風に夫に伝えるのかというと、

・今こんなことで困っている **【現状】**
・ここにこれが足りないのが原因じゃないかな〜? **【原因】**
・だからここに収納グッズが4個いると思うの、週末買いにいきたいな **【解決策】**

と、ちょっとだけ論理的に話すように。とくに男性は、感覚的に伝えられるより、順序だてて説明してもらうほうが理解しやすいということがあると思います。それでもうまく話せない場合は、言葉だけじゃなくて、本や雑誌、写真を見せるのもいいですね。

スタッフ上垣内は、ある家電が欲しいな！　と思ったとき、ネットで見つけた、この家電を使うと時短になる！　という記事をパパにＬＩＮＥで送るそう。自分の言葉だけより、記事を送ることで説得力を増す作戦！

また、パパが話を聞きやすいタイミングや時間を見つけることも大事ですね。そしていちばん大事なのは、相手が提案してくれたことにも、最初からＮＯを突きつけずに聞いてあげること。これは夫婦ともに必要な力かもしれません。

IDEA

少し理論だてて プレゼンテーションしてみる！

買い物OKをもらうアイデア

＊お店に一緒に見にいってパパの気分も高める
＊同じものを使っている友人がいたら、良さを話してもらうのも◎
＊カタログや雑誌に付箋を立ててパパの目につくところに置いておく。唐突に伝えるより、普段からじんわり伝えるのも効果あり

気持ち切り替えアイテム パパ編

仕事で疲れたとき、たまの休日、気持ちの切り替えをどうしてる？
パパたちに聞いてみると、みんな違ってみんな面白い！
この企画が、パパとのコミュニケーションのきっかけになった！
というスタッフも。ママと違って運動系が多かったのが印象的でした。

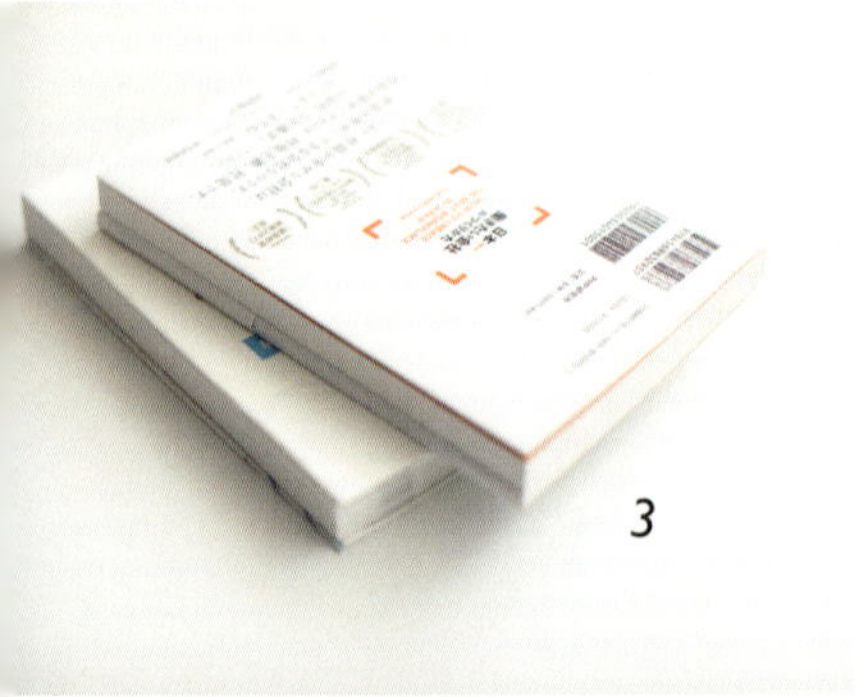

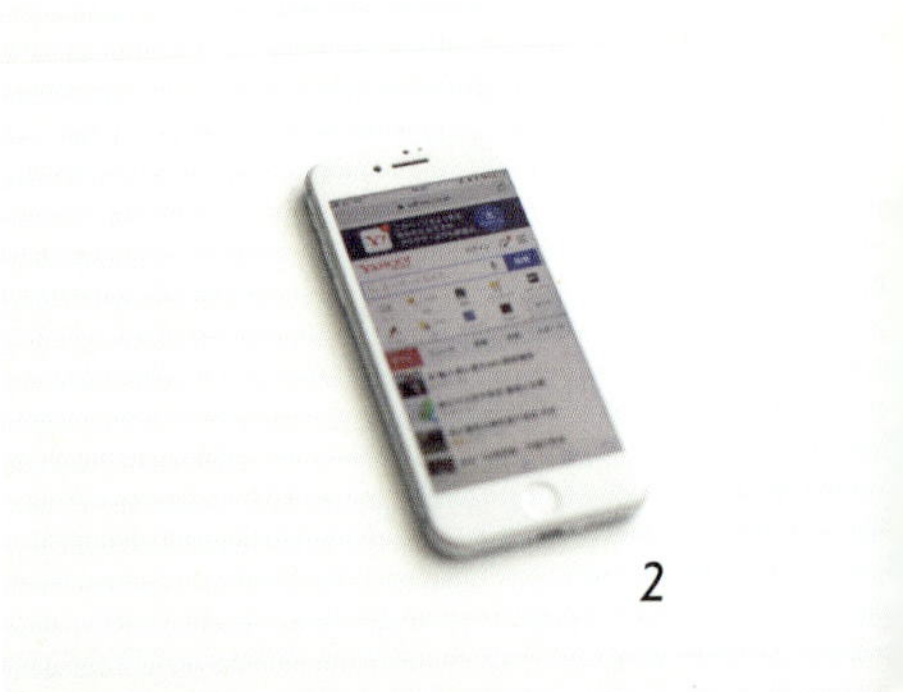

3 ビジネス書を読む

気になるビジネス書を買って、自分と違った視点を得る。「俺にもこんな未来が待っているかも！」と気持ちの切り替えになる。

4 一升瓶を買って夜にちびちび飲む

気持ちが落ち込んでいるときは、新酒やおすすめのお酒を買って、夜に飲むことで気持ちが切り替わる！

1 好きなアスリートのDVDを観る

どんなに小さくて無駄だと思うトレーニングもコツコツ積み重ねることが糧《かて》になる、というランナーのメッセージを自分の仕事にあてはめて、よし、がんばろう！　と思える。

2 スマホでニュースチェック！

仕事の合間にニュースチェックで気持ちをリセット。何も考えずに手軽にできるところが◎！

＼パパたちに聞いてみました／

7

5

8

6

7 ジムでトレーニング！

週に1回は仕事終わりにジムへ直行。体を鍛えることで自信もつき、ストレスを跳ね返せるように！

8 夕飯を好きなおかずにしてもらう！

「今日の夕飯、お肉だよ！」と言われるとモチベーションアップ！（本当はお小遣いアップがいちばんうれしい）

5 シャワーを浴びる！

帰宅後すぐに熱いシャワーを頭から浴びると、仕事モードからリラックスモードに切り替えられる。

6 仕事中にグリーンに水やり

仕事中に疲れてきたら、次の仕事の合間に水やり。グリーンのコンディションを毎日チェックしながら、気持ちの切り替えに！

PAPA ARUARU

5 最近、パパとコミュニケーション不足かな？

「パパとLINEってするの？」。OURHOMEのお昼休みでもときどきのぼることの話題。

スタッフ藤井は、最近パパと話せてないな～と感じたとき、不意に、子どものくすっと笑える変顔写真などを、パパにLINEしてみたり……。すると、お互い変な顔やスタンプを送り合ったりして、コミュニケーションがスムーズになるそう。

他のスタッフに聞いてみると、夫との連絡は、

「今、会社出たよ」

「電車乗りました」

いつも必要事項のみだった、と反省するスタッフもちらほら……。

スタッフ佐藤は、平日はなかなかゆっくり話せないけれど、パパがリビングのテー

ブルに置く雑誌や本をパラパラッと見て、今はこんなことに興味があるんだ～と、何に関心があるかを自分も雑誌を見て話をしてみるんだとか。素敵な話！　逆に、自分のことに興味を持ってもらいたいなというときは、同じくテーブルの上に自分が今読んでいる本や雑誌を置いておくそう。なるほど！

ちなみにわが家は、今は仕事も一緒でほとんどの時間を一緒に過ごす生活なので、観ているテレビ番組も、誰かから聞いた話もほぼ一緒！「このあいだテレビで観てさ～」と話しても、「それ、俺も観てた」と夫に言われることもしばしば。

気がつけば、仕事の話ばかりしてしまいがちなので、仕事の話、子どもの話、趣味の話、バランスよく話すように。夫はサッカーが大好きなので、一緒に観戦したり、チームのことを質問したり、興味あるよ～のサインを送っています。

IDEA

パパの興味を知って、自分もちょっとだけ参加してみる

パパとの
コミュニケーション
アイデア

＊パパのカバンやお弁当に「今日もがんばってね！」とメッセージを忍ばせる
＊朝は玄関で「いってらっしゃい！」とお見送りする
＊ホワイトボードなどに今日の出来事を一言日記で伝える
＊子どもの写真アルバムをリビングに置いておくと会話がはずむ

PAPA
ARUARU

6 なかなか掃除を手伝ってくれない

自分から気がついて、さっと掃除をしてくれたらうれしいな！　そうは思ってもなかなかうまくいかないのが実際のところ。

そんななか、スタッフ山崎宅では、ご主人がトイレ、お風呂などの水回りの掃除は責任を持ってやってくれるそうなのです。他のスタッフは、それを聞いて「いいなぁ～うらやましい！　どうしたらやってくれるようになったの？」と興味津々《しんしん》。

ある日テレビから流れてきた「水回り掃除は、大黒柱がきれいにすると、金運があがる！」という情報を伝えると、率先してやってくれるようになったそう！　**お願いするときのかけ声は「よっ！　大黒柱～！」**。意外とまんざらでもなさそうなパパの姿が見られるそうです。

また、今ある道具で掃除をしてもらうのではなく、「一緒にお気に入りの道具を買いにいこう！」とインテリアショップでパパ専用の道具を購入するのも手。インテリア好き、かっこいいもの好きのパパには効果的ですよ！

パパの掃除参加アイデア

＊浴槽に入って掃除するのが面倒なパパには、持ち手付きのブラシを選ぶ
＊エアコンのフィルターなどパパにしかできない高い場所の掃除をお願いする
＊遊びの延長で、子どもとパパで一緒に掃除はどう？　とすすめてみる
＊「●●のお掃除お願いしま～す！」と店員さんとお客さんの設定で頼んでみる

IDEA

褒める声かけと、パパお気に入りの道具を選ぶ！

THEME TALK 2

夫の、脱ぎっぱなし、置きっぱなし！

 = Emi

 お客様からもいちばん多く聞かれるのが、夫の脱ぎっぱなし、置きっぱなし、食べっぱなし、どうしたらいい～？ という質問。みんなの旦那さんはどう？

全員 うちもおんなじです！

山崎 うちはなぜかベッドのなかにタオルを持ち込む癖があって、いつもベッドからタオルが出てくるんですよね。何回も言ったら険悪な感じになるから、「発見しました!! タオル発見しました!!」って笑いに変えています。そうしたらちょっとバツが悪そ～な顔をして、とき↘どきは洗濯かごに持っていってくれるようになりました。

大地 うちはネコを飼っているんですが、パパがリビングの床に何かを置きっぱなしにしていたら、「ネコがカジってたよ～！」と言うように。

 なるほど！ そうやって笑いに持っていくのは大事だよね～！

友廣 うちもリビングにパパのものの置きっぱなしが続いたので、「リビングにパパ専用何でもボックス」を準備しました。そこに放り込んでもらっていて、ママはそのなかは知りませ～ん、パパ管理よろしくお願いいたします！ というスタンスです。↖

こうしてからわたしのストレスも少し減ってラクになりました。

佐藤　うちはパパが筋トレ大好き！　だからトレーニンググッズがたくさんあるんです。本当は扉のなかに見えないようにしまってほしいけど、それだとパパが元に戻せなくてイライラが募《つの》っちゃう。

　パパにどうしたらいいかな〜？　とインタビューしてみたところ、結局【パパが使う場所で、見えるところにオープン収納】がいちばん長続きしています。

矢原　みんなの話を聞いていて、そういえばわたし、毎日パパの脱ぎっぱなしパジャマを洗濯かごに持っていってたこと↘に気がついた〜！　でもあんまり苦じゃないかもしれないです。

すごい！　でもそうそう！　苦じゃなければ、それでもちろんいいと思う！

　でももっとやってほしいな、とそう思ったときに、我慢したり、いやな口調で伝えるんじゃなくて、みんなみたいに、ごきげんな形で伝えられるといいよね！

　それぞれの性格はなかなか変えられないから、家族を責めるんじゃなくて、仕組みを変えていけたらいいね！

PAPA ARUARU

7 元の場所にどうして戻してくれないの？

「せっかく、わたしがモノの定位置を考えて収納グッズまでちゃんと用意したのに、パパがなかなか元に戻してくれないんです。それを見て、わたしが戻せば早いのかもしれないけど、なんだかモヤモヤ……」。レッスン生に多い悩みです。まずは家のなかを使いやすく整えよう！　と、ご自身で動かれたことがとてもすばらしいですね！　でも、こういったモヤモヤの気持ちは溜めてしまうと、あとで爆発することに……。

あるとき、スタッフ山崎宅にて、こんなものを発見しました。

「充電器ここにいれてねボックス」

5歳の娘が描いたイラストとともに書かれたメッセージ。どうやらいつも充電器をリビングのあちこちに置いてしまうパパに向けて、娘と一緒につくった「充電器ここにいれてねボックス」。これならパパも、娘のために戻したくなる！　ものですね。ママが言うより、よっぽど効果的かもしれません！

出しっぱなし防止アイデア

＊パパの好きなスポーツ選手やアーティストの写真を収納ボックスの底に！
＊リモコン置き場にリモコンの写真を貼っておく
＊ハサミ本体に「リビングの引き出しに戻してね」とラベリング！
＊「電気を消してね！」も娘の顔写真に吹き出しでアピール

IDEA

子どもの絵とメッセージをあわせて パパのための収納ボックスを準備！

PAPA ARUARU

8 外食時、ごはんが運ばれてきたら、子どもの面倒も見ず、勝手に食べはじめる!

スタッフ藤井家のとある週末。

小さな子どもふたりを連れて家族でラーメン屋さんへ。アツアツでおいしそうなラーメンがテーブルに運ばれてきました。お腹をすかせた子どもたちに、冷ましてから食べさせてほしいな〜、とパパにお願いしようかと思ったら、伝える間もなく、「ズルズルズル〜ッ!」と豪快にラーメンをすする音……。

「ちょっと! 子どもに先に食べさせてよ〜!」

昔は、そのパパの勝手な行動に腹をたててけんかになったこともあったけれど、藤井はあるテレビ番組の専門家の言葉で、

【食にまっすぐなのは男の本能】

と知ったそうなんです。藤井にとってはすごく印象的だったようで、本能だったら仕方ないか！　と諦められるようになったそう。女性はついつい、先のことを予想して、あれもしてほしい、これもしてほしいと思いますが、それも本能ということでしょうか……。

腹をたてててけんかになるのはやっぱり家族みんなしんどくて、本当はごきげんでいたいもの。仕方のない理由、自分で自分の気持ちをおさめる理由を知っておくと、心がまあるくなるということですね。

IDEA

男性の本能!?　自分の気持ちをおさめる理由を見つける

クールダウンアイデア

＊「食べ終わったら子どものお世話交代してね」と伝える
＊パパが休日にひとりで外出。仕事をがんばるためのリフレッシュタイムと割り切る

9 ポケットからいっつも小銭が出てくる〜!!

はい、これはわが家の夫です……。なぜかズボンのポケットから、十円玉や五円玉などの小銭がチャリーンと出てくるのです。しかも、洗濯し終わった洗濯機のなかから！

結婚したばかりのころは、「小銭、また入ってたよ〜、財布にしまってね！」と伝えていましたが、どうやら夫は、もうその習慣はやめられなさそう。

あるときから、わたしのほうが諦めて、小銭が洗濯機から出てきたらすぐにしまえるように、コインケースを洗濯機の近くに置くことにしました！　まさに、「**家族を責めずに仕組みを変える！**」。

すると、それまでは洗濯機のなかから小銭が出てくると小さなストレスがあったのに、だんだんとコインケースに入れるのが楽しみにもなってきて、発見したときは、よしっ！　という気持ちにさえなってきたのです。

こんな風に、自分が楽しめる仕組みをつくると、家族もまあるく、うまくいくのかもしれませんね。

ポケットの困り事アイデア

＊ポケットチェックを子どもにお願いする。発見したら子どものお小遣いに！
＊出てきた小銭が貯まったら家族で外食など、みんなが喜ぶルールをつくる
＊洗濯機横にゴミ箱を置いて、ポケット内のゴミをすぐに捨てられるようにする

IDEA

時には諦めて、自分が楽しめる仕組みをつくる

THEME TALK 3

パパの育児参加どうしてる？

= Emi

みんなの旦那さんは仕事が忙しく、平日の帰りが遅く、子どもになかなか会えないよね。わが家も以前はそうだったけれど、休日は育児に参加してくれている？

上垣内　そうですね～、うちは平日はときどき一緒に夕飯を食べることができるんですが、基本的には子どもとゆっくり会えるのは週末だけです。子どもの面倒を見てあげるよ！　と快く引き受けてはくれるのですが、たまに見てみると、スマホを触ってる……。いや、もっとちゃんと遊んであげてよ～！　と思うことはあります。

全員　わかる～！　あるある！

遊んであげてよ！　と言ってもなかなかこちらの思うようには伝わらないってことだよね。みんなはそんなときどうしてるの？

佐藤　うちは「平日、パパに会いたがってたよ～！　今度ボール遊びパパと一緒にしたいって言ってたよ」と、パパを恋しがってるアピール！　わたしが遊んであげてほしいのではなくて、子どもが遊びたがってたよ！　と伝えると、パパちょっとうれしそうにニンマリしてる。

西口　うちは子どもたちがもう大きくなって小3と中1。わたしが家事で忙しくて、パパと子どもに遊んでほしいなっていうときは、逆に、「パパが遊びたがってた

よ～誘ってみたら？」と子どもに声をかけることもあるよ～！

藤井　なるほど！　大きくなるとそういうパターンもあるんですね～。うちは日曜大工や外遊びはパパの得意分野なので「パパってつくるの得意だよね！　パパしかできないよね！」と言うと、やっぱりうれしそうにしています。子どもたちにも褒められてうれしそうです。

わが家は双子たちが小さかったころ、わたしが仕事もしていて手がまわらないときがあったよ。そんなとき、たとえば子どもの着替えをパパにお願いしたいなと思ったら、「子どもの着替え、やっといてね！」ではなく、「子どもの↘着替えしてくれてありがとう！　助かる～！」って、まだやってくれてないのに、先にお礼を言っちゃう。そうしたら「まだやってないわ！」と関西ならではのツッコミ。つまり、何でも笑いに変えてしまってお願いするようにしていたよ。

子どもはずっとかわいいけれど、やっぱり小さいうちは一瞬で、そのときに夫婦で一緒に関わり合って、一緒に楽しく乗り越えた！って記憶は今後の夫婦関係においても大事だよね。

PAPA
ARUARU

10 青信号だよ～！ なんで進まないの!?

わが家の夫は、運転の最中、交差点で青信号になっても気がつかないことがしばしば……。せっかちなわたしは、青になったら後ろの車が気になってすぐに出発したいタイプ。夫とはずいぶん長い間一緒にいますが、つきあいはじめのころからずっと続けているのが、**青信号になるとわたしが「ぷっぷ～♪」とクラクション代わりにつぶやくこと**。

「ほらっ！ 青だよ！ 進んで！」と言うと、どうしても、いや～な気持ちになって車内もどよ～んとした空気になりがち。

でも、だまったままずっと我慢するのはいやなんです。

「ぷっぷ～♪」なら、わたしも伝えられてスッキリだし、夫もこれならいやな気分ではないそうです。スタッフ佐藤宅もわが家と似た雰囲気。よく気がつく佐藤は、ご主人が運転中「人がいるから危ない！」と言うとドキッとさせてしまうので、「人がいるから注意ね～！」と言うように。同じように、伝えることは我慢しないけれど、伝え方の工夫をしているのだな～と感じるエピソードでした。

運転中のアイデア

* 「パパ、青だよ」と名前を呼ぶだけでも優しく伝えられそう
* 車のなかでイライラしないようにアロマを焚《た》いたりしてお気に入りの空間にする
* ガソリンが少なくなってるとき、「車がお腹すかせてるよ～」と擬人化して伝える
* パパの運転、ちょっと危ないなと思ったときは「お～っと、ギリギリセーフ！」と面白おかしくオーバーリアクション！

IDEA

「ぷっぷ〜♪」とクラクション代わりの言葉で伝える！

Emiさん教えてQ&A 夫婦コミュニケーション編

Q

主人が収納の場所を変えるのをいやがります。わたしの説明が下手でいつも伝わらず失敗。どうしたらうまく伝わるでしょうか？

わたしがよくレッスンでお伝えしているのは、ご主人のメリットをメインにする収納アイデア。たとえば、「ここにソファーを移動させたら、パパの動線だしすごく座りやすいよね！」という風に、パパにとってこの模様替えはいいことばっかりだよ！　ということを最初に伝えるように。やはり人は誰でも、自分のことを思って考えてくれているのだな、と感じることはうれしいのだと思います。

Q

夫婦げんかの仲直りはどうしていますか？しばらく口を聞かない日が何日も続くので……。

わが家の場合は、仕事も同じでほぼ24時間一緒！　なので口を聞かないわけにはいかないんです……。でも、夫婦ともに会社員時代から、けんかは次の日に持ち越さない！という暗黙のルールがありました。もし前の日にけんかをしてしまったとしても、翌朝は「おはよう！」をかならず言うように。口を聞かない日が続くのがいやなら、やはり自分から突破口を見つけるのがいちばん近道ですね。「おはよう」「いってらっしゃい」「おかえり」「おやすみ」。挨拶がきっかけのひとつになるのかなと思います。

Q

子育てについて夫婦で意見が分かれたときはどう折り合いをつけていますか？やはり夫を立てるべきでしょうか？

ご夫婦それぞれに、子育てに無関心ではなく「意見がある」ということがとってもすばらしいですね。わが家はお互いの考えが違ったとしても、我慢せずにまず伝えます。そのうえで、わたしは最終的には子育ては夫の意見がいちばん！　だと思っています。　子育てをするうえでは、ふたつの軸があると子どもは迷うのではないかなと思うのです。夫に気持ちを合わせることを最初は疑問に感じても、合わせてみることがすごくすごく大事だと思うこのごろです。

Q

夫婦共通の趣味はありますか？うちは共通の趣味がなくて、週末をどう楽しく過ごしていいかが悩みです。

24時間仕事も家庭も一緒のわたしたち夫婦は、よく、趣味も一緒でしょ？　と聞かれることもあるのですが、じつは違うんです。夫は昔から音楽や映画が好き。グリーンを育てるのも好き。でもわたしはそのどれもすごく好き！　というものがなくて……。若いうちは一緒に映画も楽しまなきゃ！　と思っていたころもあったけれど、今は無理をするのがいちばん良くないと気づきました。それぞれが好きなことをして同じ空間にいればそれでよいかな！　と。わたしは映画を観ている夫の横で、マイノートを書いたり、本を読んだりしています。

PAPA ARUARU

11 トイレのスリッパ、いつもきれいに揃えてくれない！

パパのあとにトイレにいくと、あっちへこっちへ散らかったスリッパ……。その度に「もう！　パパ！　子どもたちも真似するし、ちゃんとスリッパ揃えてよね！」と言い続けるのにも疲れてきた。

そんなときは、スリッパをかたどったマークを床に貼りつけてみます。すると……、パパも「お！　いいね～！」と自然とスリッパを元の位置に揃えてくれた！

わが家は、公共の場所で使われている、「誰でも自然とそうしたくなる仕掛け」を家のなかによく持ち込みます。駅のホームやコンビニにある、誰に言われたわけでもないけれど、自然とそこへ並んでしまう靴のマーク。外国の方でも、誰でもわかるアイコンマークの力は絶大！　専用のシールがなくても、マスキングテープで四角い枠をつくってみるだけでも効果が感じられるかもしれません。ぜひ今日からトライしてみてくださいね。

スリッパ揃えのアイデア

＊玄関の靴やベランダスリッパなどもマークで目印する
＊どちらからでも履けるスリッパに交換する
＊「スリッパを揃えてくれてありがとう！」と目につくところにメッセージを貼る
＊トイレマットを敷いてスリッパをなくしてみる
＊子どもからパパに言ってもらうと素直に受け入れてくれることも

IDEA

「トイレの床にスリッパを置く位置をマークする」

PAPA ARUARU

12 パパの服のセンス、どうにかならない〜!?

昔に比べると男性のファッションセンスもどんどん良くなっているこのごろ。でもときどき、レッスン生から「夫のセンスがあんまり良くなくて……」とご相談いただくこともあります。スーツもワイシャツも、仕事でよくつかうものだからそのシーズンごとに揃える必要があるけれど、なんだかイマイチ……。

そんなときは、定番化するのがいちばんラク！ もちろんセンスが良いにこしたことはないのですが、男性でいちばん大事なのは「清潔感」だと思うのです。同じメーカー、同じサイズで、まったく同じ白いワイシャツをたくさん持つ！ それでも十分！ 毎日どれを着ようか組み合わせも考えずにすみますね。

スタッフ大地は、パパがあまり服に興味がなく、週末服は、大地が毎シーズン、ABCと3パターンを上下セットで丸々コーディネート！ それぞれセットで着てね〜と提案するも、組み合わせを間違えて、あれれ？ Aのトップスと Cのズボンを合わせてる〜！ という日もあるよう。きっとご主人は、あえてそうしたというより、

IDEA

「迷ったときは、定番服をセット化！」

それが変だとはまったく気づいていないのかも!?

そこでわたしからこんなことを提案してみました。たとえばある日のOKコーディネートをスマホで写真にとって、かっこよかったよ〜！　とLINE。この組み合わせがいいんだな〜というのを目で見るとわりと記憶に残るものです（いや、本当に好きで着ているならもちろんそれでもOKなのですが！）。

わが家の場合は、夫のほうがわたしよりずっと服が好きなので、完全におまかせですが、似合ってるな〜という服は積極的に褒めるようにしています（逆にわたしも褒めてほしいので、自分がしてほしいことをするスタンス）。歳をとっても子どもたちから憧れられるような親でいたいなと常日ごろ話しています。

パパのおしゃれアイデア

* スポーツブランドなど、お気に入りのお店をひとつ決めておく
* 信頼できる店員さんにコーディネートしてもらう
* おしゃれな友達家族と会ってちょっと意識してもらう
* パパが選んだ服、はじめから否定せず「こっちのほうがいいんじゃない？」と提案する

パパが“妻に言われてうれしくなる”一言ってなあに？

□ パパ編

パパが起こすほうが
りょうたは
機嫌がいいね！

3

いってらっしゃい！

1

お風呂洗って
くれて助かるわ～
ありがとう！

4

パパは、
お庭の木を切るのが
上手だよね

2

3 やっぱり、自分のことを褒めてくれると素直にうれしい。パパだからこそ、と言われるとよりやる気がアップする。

1 朝、出勤時に玄関で家族に「いってらっしゃい」と見送ってもらうと、よし今日もがんばろう！　と思える。たまに、それがない日はちょっとさみしい。

4 妻が春に仕事復帰をしたので、朝、お風呂洗いを担当するように。もともとやる気はあったけれど、この言葉でより気持ちがアップ！

2 平日は仕事が忙しくてなかなか子どもたちと触れ合う時間がないけど、休日に、妻が子どもたちの前で褒めてくれたことがうれしかった。

パパが“ごきげん”になれる言葉ってどんなものだろう？
と、スタッフのパパたちにインタビューをしてみました。
共通しているのは、
やっぱり「褒められる」ってみんなうれしいのだな！
ということ！

その服
よく似合ってるね

7

わ!?
スッキリ
気持ちいい！

5

おとうさんに
聞いておいで～

8

おとうさん、
めっちゃ面白い！

6

7 昔はよくお互いの服や髪型を褒めていたけど最近そういえば少なくなっていて、たまに褒めてもらえるとうれしい！

5 僕が休日に、トイレや洗面所掃除をしたあとに、妻が「わ！　スッキリ～！気持ちいい～！」と言ってくれて、シンプルだけど、とてもうれしかった！

8 子どもが何かを欲しがったとき妻が、僕に判断をまかせてくれるとうれしいなと感じます。

6 僕がテレビに出ている芸人さんの真似をしたときなど、妻がいつもものすごく笑ってくれる。そうすると、子どもたちもいつも笑顔なのでうれしい。

CHAPTER 3
ママあるある編

MAMA ARUARU

MAMA
ARUARU

1 ママ、これして〜！ あれして〜！ 起きている間ずっと家事してる気分……

四六時中、「ママ〜、あれどこ〜？」「お〜い！ お茶〜！」。家族からのお願い事を気持ちよく聞いてあげられないときもあるのが本音。パパの仕事も忙しく、なかなか家事の協力を得られないスタッフ友廣は、「おかあさんの営業時間は、平日21時で閉店します〜閉店ガラガラ〜！」と、自分で宣言して日々の営業時間を決めているそう。なるほど！ 愚痴を言うのではなく、そんな風にポジティブな宣言なら家族も聞いてくれそうですね！

そういえばわたしも毎晩21時が閉店時間です。洗濯機に一日分の汚れ物を入れて、翌朝6時に仕上がるよう洗濯予約ボタンをセット！「ピピピ！」という音がわたしの閉店のサインなのかもしれません。

もし翌朝早く起きられたとしても、家事をせずに、せっかくならほっと一息コーヒータイム。「おかあさんの朝の営業時間は、6時半からです〜！」と宣言して、コーヒータイムに、ゆっくりメイク。そんな日もあってもいいかもしれませんね。

家事の切り替えアイデア

＊エプロンをつけているときは家事の営業中！ と家族にわかりやすく
＊「営業中」の看板をキッチンに出してみる！
＊「今から休憩に入りまーす！」とわかりやすくアピールする
＊引き出しにアイコンラベルを貼って家族みんなが手伝いやすい仕組みにする
＊平日はがんばるけれど、週末はだらだらしてOKとメリハリをつける！

IDEA

ママの「営業時間」を決めて、家族に宣言する！

MAMA ARUARU

2 あ！　また自転車の鍵忘れた！ 家にとりに戻らなきゃ……

子どもを抱っこして、荷物を持って、玄関の鍵をしめて、さあ、マンションの駐輪場へ。出発するぞ～！　と思ったら「自転車の鍵がない～！」よくありがちなこの光景。

わたしを含めたOURHOMEスタッフのほとんどは、ストラップに家の鍵と自転車の鍵を一緒につけて、持ち歩くバッグにくるっと引っ掛けて鍵の忘れ物防止対策をしています。それだけでも以前より改善した！　というスタッフが多いなか、

「わたし、自転車の鍵持っていないんです！」

と言うスタッフ西口。

どうやら最近、持ち歩くタイプの鍵をやめて、自転車に直接4桁の番号を入力する番号施錠のものに変更したそう。なるほど！　これなら鍵を持ち歩かなくてもいい！　目からウロコの発想ですね。

IDEA

自転車の鍵は番号施錠のタイプに変更 そもそも鍵を持たなくてもいい仕組みにする！

鍵をよく忘れてしまう自分。その性格をなかなか変えられないのなら、もう鍵を忘れても大丈夫な仕組みにする！　ということ。

「そもそも持たなくてもよいのでは？」という発想。たとえば、長い傘もそう。電車でよく傘を忘れてしまうなら、そもそも長い傘を持たずに折りたたみ傘だけにする、などもありますね。

シンプルだけれど意外と気づかないこの仕組み。そもそもこれって必要かな？　違う形で工夫できないかな？　と考えるのもいいですね！

忘れ物防止アイデア

＊玄関ドアに「自転車の鍵」「スマホ」など、よく忘れるものを書いて貼る
＊なくしがちなカメラのレンズキャップも、専用ストラップでカメラに固定
＊出発３分前に「スマホ」「お弁当」などアラームを鳴らす

3 片付けなきゃ……。でも、やる気が出ない

いつもスッキリしている部屋に憧れる。片付けなきゃいけないのはわかっているけれど、なんだかやる気がわいてこず、散らかったリビングをソファーに座りながら眺めている。これ、じつはわたしの母の昔の姿です。

母は昔から、どうも片付けが苦手（それが反面教師になってわたしは片付けが得意に）。でも、母は「スッキリしたい！　気持ちがいい部屋にしたい」という思いは強く持っているのです。

あるとき実家に帰ると、キッチンの壁に額に入れた写真が飾ってありました。よく見ると、キッチンの写真！　しかもきれいに片付いた状態の！　どうやら母のアイデアで、片付けのやる気アップのために**【スッキリきれいな部屋の写真】を額に入れて飾っているようなのです**。

目の前に見えるのは、散らかっている部屋。でも、壁に飾ったゴールイメージがいつも目に入るだけで、「あのスッキリした気持ちを味わいたい！」と、今では以前より、片付けに気持ちが前向きのようです。

片付けのやる気が出ない日のアイデア

＊長時間やる気が続かない日は５分だけ、と時間を決めて片付ける
＊インテリア雑誌の素敵な部屋の切り抜きを目につくところに貼る
＊ぐちゃぐちゃの部屋をスマホでとって客観的に見てみる
＊お片付け友達をつくって部屋の写メを送り合う
＊友人を家に招く予定を入れて、それまでに片付ける！

IDEA

「片付けてスッキリな部屋の写真を、額に入れて飾る」

MAMA ARUARU

4 どうして今日はこんなにうまくいかないの⁉

とある冬の日のこと。

赤ちゃんを連れて出勤してきたスタッフ山崎が、朝、会社で、「今日は家にスマホを忘れてきちゃったんです〜」と話していました。

夕方。その日の仕事を終え、「お疲れさまです！」と元気に退社した山崎。すると、10分後また会社に戻ってきました。

なんと今度は、会社に財布を忘れて駅までいってしまった様子……。赤ちゃんを連れて歩いた駅までの道のり、寒いなか、大変だっただろうに……。

そう思っていると、

「今日はもう、そんな日なんです〜！」

と笑顔の山崎。

・スマホを家に忘れる
・会社に財布を忘れる
・またとりに戻る

人によっては、そんな自分にイライラしたり、も〜！　と思うこともありそうなものなのに、

「今日はもう、そんな日！」

と割り切る姿が、なんだかかっこいいな〜と感じた、ある日の出来事でした。

IDEA

「今日はもう、そんな日！」笑顔でいさぎよく切り替える！

うまくいかない日のアイデア

＊「ま、いっか！」と声に出す
＊人生はプラスマイナスゼロ〜！と思う
＊今日の夕飯は外食にしよう！　と、たまには自分を甘やかしてみる

わたしが 大事にしている言葉

□ ママ編

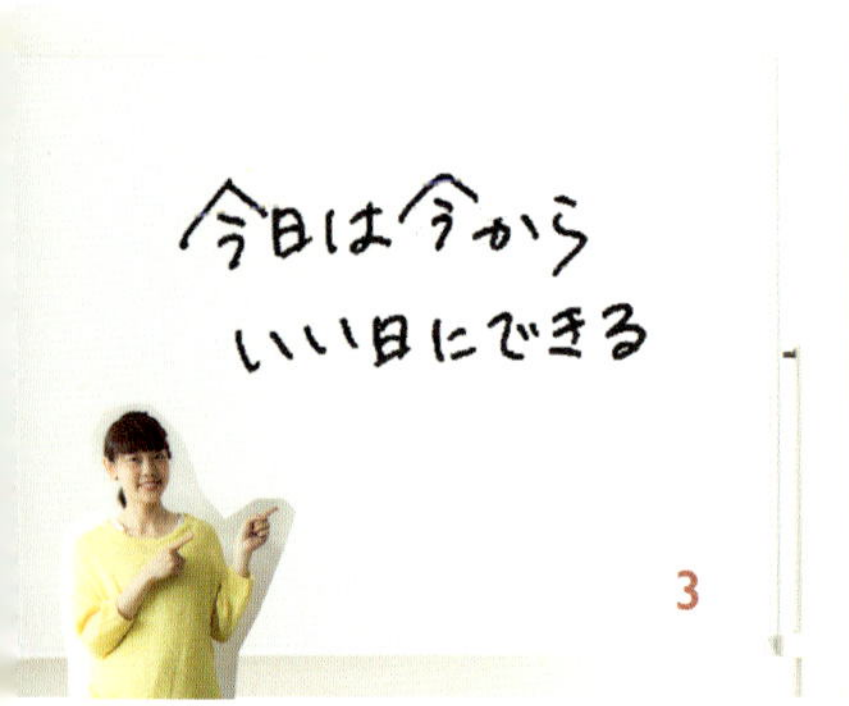
今日は今から
いい日にできる
3

まっすぐに、
でもしなやかに
1

ピンチはチャンス！
4

なるように
なるねん〜
2

3 いいことないな、そんな風にばかり思っていると良くない連鎖が続くもの。いやなことがあっても「よし！ 今からいい日にするぞ！」と切り替えるように。（友廣）

4 家族でシェアしている言葉。困ったとき、悩んだとき、愚痴を言うだけではなく、解決策を見つけよう！ という気持ちになる。（西口）

1 友達が教えてくれた言葉。自分の芯や軸は大事だけれど、まっすぐすぎるとそれは時にポキッと折れてしまう。まっすぐに、でもしなやかに。を目指したい。（Emi）

2 母がいつも口癖のように言うこの言葉。子育てに悩んだとき、「なるようになるねん〜」を思い出して肩の力を抜くように。（佐藤）

人生のなかで大事にしている言葉、ある？　とスタッフに聞いてみたら、
みんなそれぞれ持っていました。家事に、仕事に、子育てに。
迷ったとき、立ち返ることのできる言葉があると、
ごきげんで過ごしやすくなりますね。

7　悩んでいても、自分で決められることは、ただひとつ。やるか、やらないかのどちらか！　この言葉を知ってから決断が速くなりました。（上垣内）

5　子育てで疲れたとき、「今だけ、今だけ。大きくなったらこのしんどさも懐かしいと思えるときがくるはず！」と思うことで、今の悩みがちっぽけに感じられるようになる。（山崎）

8　幼稚園の園長先生の言葉。子どもは船だから、それを受け止める港のようになってくださいね、と言われた言葉。ずっと大事にしています。（矢原）

6　夫や子どもに、もっとなんとかしてよ！　と思うとき、この言葉を思い出すと、生きて健康で一緒にいられるだけで幸せなことたくさんあるよね！と思える。（藤井）

MAMA ARUARU

5 とにかく、何でもイライラしちゃう！

「Emiさんはイライラすることないんですか？」。じつはよくいただく質問なんです。もちろん、わたしも自分の体調の悪いリズムが重なると、どうしても起きちゃうイライラな日も、やっぱりあります。わたしはときどき、家族に「おかあさん、今日はごきげんななめの日です」と朝から宣言することも。

あるとき、レッスン生のアンケートに書いてあった一言が印象に残りました。日々イライラすることが多いけれど、「朝は怒らないと決めています」。

本当は、子どもを怒らずに毎日笑顔で過ごしたい。だけど、あれも気になる、これも気になる。怒ってばっかりの自分もいや。そんな日に、朝だけは怒らない、と、そう決める。丸一日は難しくても、朝だけなら、がんばってみたい。全部できなくても、まずはそこからスタートもいいですね。

IDEA

どうしてもイライラする日は「おばあちゃん」になりきる！

また、スタッフ西口はこんな面白いアイデアを。

「どうしてもイライラする日は『おばあちゃん』になりきる！」

自分のきげんが悪いときに、子どもが駄々をこねると、

「夕飯前はおやつを食べてはダメ、テレビは8時まででしょ！」

と、ついつい小言を言ってしまいます（ついい余計な一言も！）。でももし、おばあちゃんと孫という関係だったなら、「仕方ないわねえ。今日だけよ♪」とかわいくついつい許しちゃえるかも？

365日のなかに、そんな日が1日あってもいいのかもしれません。

イライラした日のアイデア

＊「怒りすぎちゃってごめんね。ママもしんどかったの」と素直に謝る
＊「イライライライラ～!!」と面白く言って本気で怒る前に前兆をアピール
＊夕飯前など、早めにお風呂に入って気分をリフレッシュさせる
＊近所のスーパーまで買い物へ。30分でも子どもと離れると優しくなれる

MAMA ARUARU

6 手先は常にきれいにしておきたいのは理想だけれど……

パッと自分の指先が目に入ったとき、ガサガサだったり、爪が欠けていたりして気分が落ち込む。本当はいつもきれいにしておきたいけれど、なかなか……。

わたし自身、双子の子育てに手がかかったころは手先まで気を使う余裕はなく、いつもガサガサ。でも、少し大きくなってきてからは指先にネイルを欠かさないようにしています。ただ、気持ちだけではなかなか続かないのも現実。そこで、**【さっとネイルができる仕組み】**をつくっています。

洗面台の三面鏡のなかにある、片手で持ち運べる小さなプラスチックのボックスに、今の気分で塗りたいネイル数本とお手入れセットを入れた【一軍セット】を準備。すべてのネイルグッズが収納されている大きな入れ物を持ち運ぶのはおっくうだけれど、これならラク！　最近はネイルに興味が出てきた娘が、ネイルやさんごっことして、わたしの爪を整えてくれるようにもなりました。

やっぱりきれいな指先を見ると、よしっ！　と小さな自信がわいてきますね。

手先をきれいにするアイデア

＊ハンドクリームはプッシュ式を選んで簡単に
＊キッチン、リビング、車のなかと、使う場所ごとにクリームを置いておく
＊毎日使う化粧品も「1軍セット」にして時短メイクする

IDEA

ネイルがすぐにできる【一軍セット】を準備

THEME TALK 4

家事、片付け、うまくいかないときある？

=Emi

（Emi）みんなは、家のなかがぐちゃぐちゃ〜！　とか、掃除できていない〜！　ってときはある？

上垣内　あります。週末、遊びの予定を詰め込みすぎた翌週は、月火あたりに、ちょっと後悔。週末の遊びは8割くらいにしておこうと教訓になりました。

山崎　うちは子どもの習い事が木金に入っているので、週の後半はかなり家のなかが乱れてきます……。週末のどちらか午前中は掃除、片付けの日と決めています。

（Emi）なるほど〜。もし習い事の曜日を変更できるなら、週の前半後半とバランスよくスケジュールを入れるのも【仕組みを変える】ことのひとつかもね！　↘

山崎　なるほど〜！　来年度からは検討してみようかな！

友廣　良かった〜。みんな週の後半は散らかってるんですね。わたしは結婚当初は、「台所を寝る前にリセット」とか、1日単位で家事をきちっと終えないといけない、きちんとしなきゃいけないと思っていて、週5で仕事と家事、育児を両立させようと、とてもしんどかったんです。でも、最近は週末にきちんとするなら平日はゆるくてもOK！　と割り切れるようになってきました。

（Emi）【1日単位】から1週間という大きな流れで家を管理していく【1週間単位】に気持ちが切り替わったんだね。毎日スッキリ！　↖

を目指せたらそれはいいけれど、難しいとき、毎日イライラしながら過ごすのではなく、週末スッキリするからいっか！　でも十分だよね。どうすれば自分がごきげんでいられるかが大事なことだと思う。

山崎　思い出したんですが、わたしは結婚当初、今あるすべての家事を、夫とどう分け合うか、夫にどうお願いするか？　ってことをすごく考えていたんです。でも、ＯＵＲＨＯＭＥに入ってから、そのすべての100の家事を分け合うんじゃなくて、まず自分ができる工夫で、家事を80にするという方法を知りました。たとえば、乾燥機を使ってラクする～とか、↘洗濯物は干してハンガーのまま収納とか！　工夫次第でラクに家事ができると知れたことはとても大きかったような気がします。

そうだったんだね～。いっぱいいっぱいになったときは、ちょっと自分の家事と向き合って、工夫する、見直す、やってみる！　が大事だね。

　あと、完璧を目指さないってこと。ママがイライラしながら家事をしてる姿を見せるより、多少散らかっていても、ごきげんな姿を見せるのがいちばん大事だと思うな！

気持ち切り替えアイテム　ママ編

自分が落ち込んだとき、やる気が出ないとき、
気持ちの切り替えってどんな風にしてるんだろう？
OURHOME スタッフにインタビューしてみました。
仕事、家事、育児、気持ちの切り替え、どうしていますか？

3　野菜ジュースを一気飲み！

大好きな野菜ジュースを一気に飲んで、気持ちの切り替え。これを飲むとやる気アップ！　のおまじない。（山崎）

4　ホットアイマスクを使う

子育てでイライラしたり、気持ちがいっぱいいっぱいのときは外出もできないので、ホットアイマスクを使って情報遮断！　そうすると落ち着く。（藤井）

1　ハンドソープで手洗い

仕事中に、アイデアがわいてこなかったり、集中できないときは、お気に入りのハンドソープ（スクラブ入り！）で丁寧に手を洗うと気持ちもスッキリ！（Emi）

2　飾ってあるリースを眺める

家事に子育てにちょっと疲れたときは、リビングに飾ってある大きなリースを見ると、かわいい！　と思い気持ちがなごむ。（矢原）

7　ネコとおもちゃでじゃれあう

飼っているネコと遊ぶと癒される。自分の気持ちが優しくなっているのを感じる。（大地）

8　人工芝を敷いたベランダで休憩

家事に疲れたら、人工芝を敷いたお気に入りのベランダで休憩タイム。子どもたちともベランダで会話をしてリラックス。（西口）

5　気分に合わせて DVD を観る

大好きな海外ドラマを、今の気分に合わせて DVD をセレクトして観る。落ち込んだときは元気になれるものを！（友廣）

6　子どもの描いた絵を見てなごむ

スマホの待ち受け画面を、子どもが描いた絵に。パッと目に入るとホッとする。（上垣内）

MAMA ARUARU

7 ピンチ！ 炊飯器が壊れた！ トースターも壊れた！

ある日、まだ購入して数年しか経っていない炊飯器が壊れました。うんともすんとも言わなくなった炊飯器。でも、子どもたちは目の前でお腹をすかせている……。はて、どうしよう……。

とりあえず、今日はお鍋で白米を炊いて一日だけ乗り切ろう、そう思ってはじめてお鍋で炊いたその白米が、ふっくら、つやつや、びっくりするほどにおいしくて家族で大絶賛！

わたしのイメージでは、お鍋でごはんを炊くって、なんとなく手間がかかりそう。それに、そういうことは料理上手な人がするもんだ、そう「思い込んで」いたんです。

でも実際にやってみると、ほんの20分程度で炊きあがるし、炊飯器よりお鍋のほうが軽く、洗いやすいし手軽！　朝、冷えたごはんをレンジであたためても、ふっくら仕上がるのです。

結局、炊飯器は買わずに、「鍋で白米を炊く暮らし」がはじまりました。

そうこうしていると、今度は12年間愛用していたトースターまでが不調に！　パンも同じく、トースターを買わずにグリルで焼いてみたらどうだろう？　そう思って挑戦してみると、かりっ、もちっ、ふわっ！　こちらも大満足の仕上がりだったんです。

結婚して12年、ずーっと持つのが当たり前だと「思い込んでいた」２つの家電。結局２つとも手放すことを選び、味は以前よりおいしくなり、またキッチンもとてもすっきりしました。

家電が壊れたことを嘆くのではなく、新しい暮らしを始めるタイミングかな？　と見直すことも**大事**ですね。

IDEA

本当にそれって必要かな？　思い込みの枠をはずしてみる

思い込みをやめるアイデア

* 調理家電が壊れた場合は、いつもと違う調理方法を試すチャンス！
* 自転車の空気入れはそもそも持たずに自転車屋さんでレンタルする
* 傘は折りたたみ傘で十分！　収納スペースも少なくて◎
* いつもやっているヘアカラー、やめてみたら時間やお金に余裕ができた
* 駅までの自転車通勤も、一度歩いてみたら案外時間もかからず健康的！

MAMA ARUARU

8 ピンポ〜ン♪ 宅配便の荷物がくるたびに、印鑑を探してる

印鑑の場所は、リビングの棚の上、そう決めていたはずなのに、気がつくといつもどこかに行方不明……。宅配便がきたときに、毎回印鑑を探して右往左往。そんなことありませんか？

わが家でよく使う印鑑は2つ。リビングで子どもの宿題にも捺印するし、宅配便にも使う。それならば、と、印鑑をそれぞれの場所に用意して、「使う場所に収納」しています。

ひとつめの印鑑は玄関の扉に、強力マグネットでペタッとひっつき収納。これなら、荷物の受け取りをするときに、探さずさっと押せて、そのままドアにペタッと収納。もうひとつの印鑑もダイニングテーブル下にこれまたマグネットでペタッと収納。

このあいだは、宅配便の配送員の方に「これいいですね！」と褒められちょっと得意げに。こういった小さなストレスがなくなることの積み重ねが、毎日をごきげんにしてくれると思うのです。

使う場所に収納アイデア

* ＊爪切りやリモコンなどもテーブル下にマグネットで設置する
* ＊荷物の開梱用のカッターやハサミも玄関に置いておく
* ＊ゴミ袋のストックもゴミ箱の底に入れて使う場所に設置
* ＊スマホはストラップをつけて壁に吊るして定位置を確保する

IDEA

使うものは、使う場所に収納し、小さなストレスを減らす

MAMA ARUARU

9 今日、ちょっとしんどいな……

毎日がんばっていると、ときどきどうしようもなく「しんどくなること」があります。

あともうちょっとがんばりすぎたら、自分がダメになりそうな気がする……。

そんな日、ひとりだけで過ごせたらいいけれど、子どもがいて、家事があって。

そんなときどうやって乗り切ってる？　と聞くと、スタッフ藤井が、

「おかあさん～、もうダメ～！」

と大げさに、子どもの目につくリビングで大の字で寝っ転がるそう！　ママがしんどいことをわかってほしいけれど、ふつうにしていたらなかなか気づいてもらえない。あえて大げさにアピール！　すると、子どもがちょっといつもより優しくしてくれたり、お手伝いをしてくれたりするそうです。

IDEA

子どもに素直に甘えてみる

わたしの場合どうしているだろう？　と振り返ると、しんどいとき（だいたい仕事のアイデアに詰まったとき）、子どもに素直に言うようにしています。「おかあさんさ、今こんなことで悩んでてさ……」。すると、いつもと違う雰囲気を察するのか、「でも、おかあさん、めっちゃがんばってるよ！」と励ましてもらえたりもするんです。

親だからといって、いつもがんばっていなきゃいけないとか、しっかりしていないといけないというわけではなく、人間だからやっぱりどうしても難しいときってありますす。大人でも、しんどいとき、疲れたとき、素直に甘えていいですよね。

しんどいときのアイデア

＊やる気が出るテーマソングをかける
＊家事が少し残っていても、その日はみんなで早めに寝る！
＊「ママ、15 分寝ます！　起こしてくださ〜い！」と宣言する
＊「ママ、しんどくて一緒に遊べないよ〜」と言って家事を手伝ってもらう
＊やる気スイッチを押してくれる友人に会ってモチベーションをあげる

MAMA ARUARU

10 あ！　またマヨネーズ買い忘れた……。いつも何か買い忘れてしまうわたし

主婦歴12年。いまだにやってしまう、「あ～！　あれ買い忘れた……」。大きく悩むほどではないけれど、仕事が忙しかったり、疲れが溜まっているとなんだかこんな小さなことでも落ち込むことってあるんです。

そろそろソースがなくなりそうだから、次の買い物で買っておかないと！　と気づくのはだいたい調理の最中。つまり手がふさがっていたり、濡れていたりとメモをとるのには不都合でした。

そんなあるとき、冷蔵庫の左側にストックしておきたいものを書いたマグネットを貼って、なくなりそうなものを右側に移動させることを思いつきました（思いついたときのうれしさといったら！）。買い物にいく際は、スマホで右側だけ撮影。これならメモをせず簡単なうえ、マグネットを移動させるちょっとした楽しみのようなものも芽生えるんです。買い忘れをしてしまう自分を責めたり落ち込むのではなく、**どうしたら自分がごきげんでいられる仕組みができるのか？**　そんな工夫に時間を使いたいですね！

買い忘れ防止アイデア

＊在庫リストをつくってチェックするだけの仕組みに。メモをとらないのでラク
＊買い物に出かける前に冷蔵庫のなかをスマホでパシャっと撮影
＊通販などの定期購入で買い忘れを防止する
＊日用品の在庫管理ができる無料アプリを利用するのも◎

IDEA

左から右に移動させるだけ！
冷蔵庫にマグネットで在庫管理！

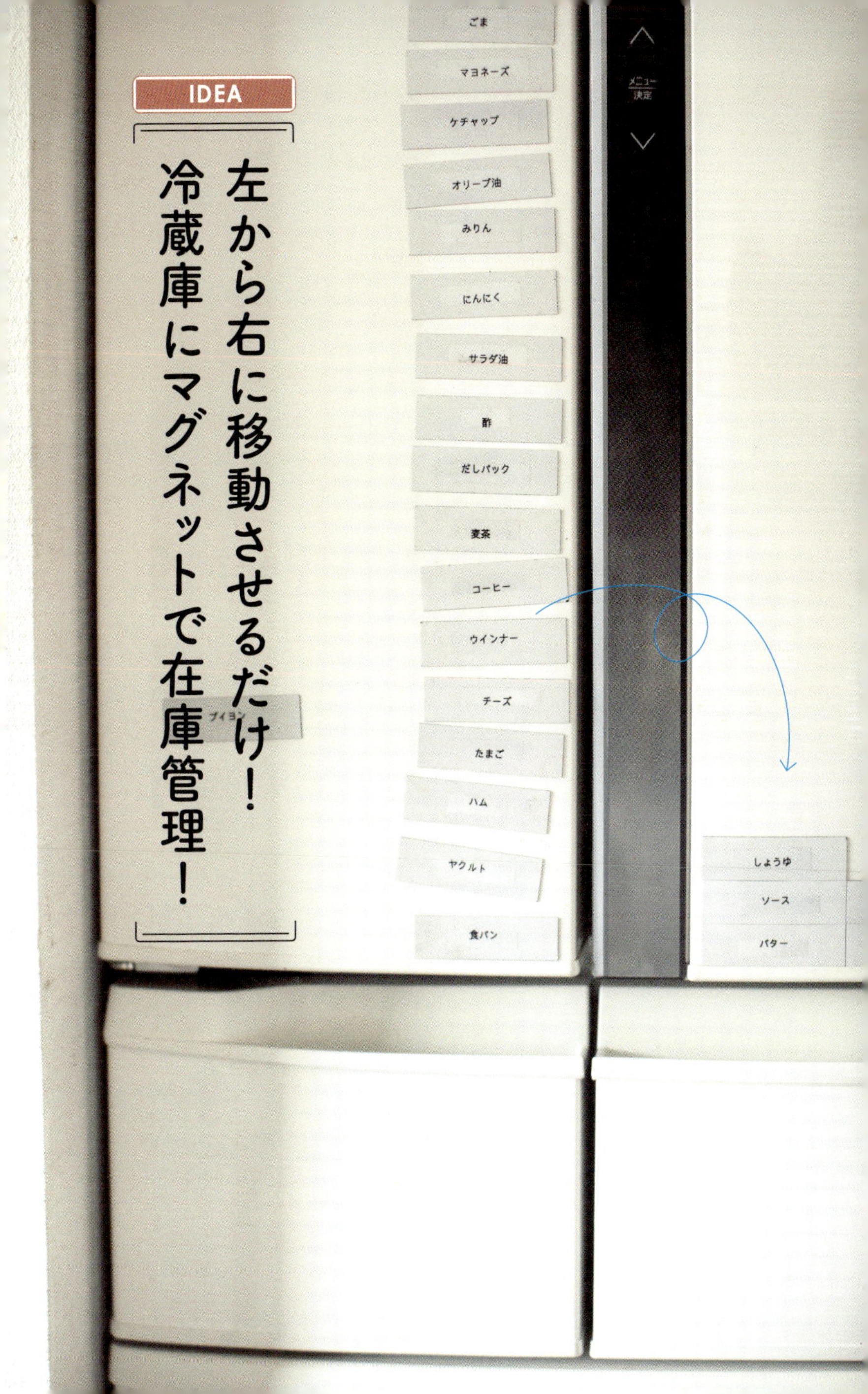

Emiさん教えてQ&A　家事編

Q
ワーキングマザーです。手抜き家事に罪悪感があります。Emiさんはそのようなことあったりしますか？

わたしの場合、双子が生まれる！とわかった瞬間から、もともとあった時短家事への興味がさらに深くなりました。「手抜き」というのは、自分が「手を抜いてる」と思えばそうなるし、時間を工夫して、「やりたいことに時間を使うため！」と思うと、同じことでもまったく違う見方になると思います。「洗濯は時間を短く乾燥機を使うけれど、ごはんは1品増やそう」「ロボット掃除機を使うけれど、子どもと窓を一緒に拭こう！」など、どんなことに時間を使いたいのかがはっきりしていると、手抜きという気持ちにならなくてすむかもしれませんね。

Q
ここ最近で買ってよかったオススメの家電はありますか？

はい！　靴乾燥機です！　それしか使えないような専用の家具や家電は買わないように心がけているのですが、子どもがふたりいると、ただでさえ靴が増えるのに、雨の日用、洗い替え用と靴を用意するのは、お金も収納場所ももったいないなく、あるとき、靴乾燥機の存在を知り、玄関に常にセットしています。雨の日、湿気の多い日、帰宅後すぐに乾燥させれば翌日の朝もスッキリ気持ちよく登校できます。もちろん子どもが自分でできるように、ボタンが簡単なタイプを選びました。雨の日はただでさえ、ちょっとテンションが下がってしまいますが、靴乾燥機でカラッと乾いた靴を見ると、よしっ！　と小さくガッツポーズしたくなるわたしです。

Q
頭のなかで、あれいいな、これいいなと思い、その都度わくわくするのですが、なかなか行動に移せません。そんな自分にモヤモヤ。はじめるきっかけは何ですか？

たくさんのことに興味がわくのはすごくすばらしいことですね！　でも行動に移せないとしたら、それはもしかしたら、まず【何でもいいので、ちょっととりかかる】という姿勢が大事かもしれません。まずひとつ、とりかかってみる。そうしたらするする～とからまった糸がほどけるようにうまくいくような。たとえば、教室を開いてみたいなら、場所の予約を先にしちゃう！　とか、友達を誘ってみるとか。わた↖

しもやりたいことが次から次へと頭に浮かぶほうで、時間がいくらあっても足りないタイプ。でも、そんなときは、まずとりかかってみて、トントンとうまくいくならそちらを進むし、やってみてダメだったら方向転換。その繰り返しで、独立して6年。途中でダメになったこともたくさんあるし、それぞれは100%の形ではできていないのかもしれないけれど、とりかかりはじめたことがきっかけで独立して今があります。そういえば、わたしのははじめてのお片付けレッスンは、内容もはっきり決まっていないけれど、あの場所でやりたい！　と思ってお店に電話したことがきっかけでした！

Q 自分の時間、どうやって確保しているのですか？

じつは、あまりひとりになりたい……と思うタイプではないというのもあり、ひとり時間をあえてつくる、ということはないんです。でも、そう思わないのは、子どもが起きているときに、自分のやりたいこと、たとえば、セルフネイル、雑誌を読む、マイノート（P.138）を書くなど、子どものそばにいながらできているからかもしれません。

Q やる気が落ちたときの、立て直し方ってありますか？

わたしは1日はとことん落ち込む……そのあと翌日にはスッキリ！が多いです。でも年に数回ある、何かダメなことがあったわけではないのに落ち込むとき、そのときは「シンプルに好きなことをする」。お酒を飲む、お菓子を食べる～！　をすると、復活することが多いです。いつのときも、自分を大事にする、というのが大切なのだな、と思っています。

好きなことを我慢せずに！

MAMA ARUARU

11 実家の両親がなかなか家を片付けてくれない……

ときどき実家に帰って、荷物の多さにびっくりする！　これはわたしのあるある談。わたしの父と母は、それぞれに釣りや裁縫と趣味があり、荷物の量もたくさん。独身のころのわたしの部屋は荷物部屋になっていました。

とある日、娘に「おじいちゃん、なかなか物を整理できないらしいねん」と言うと、「オッケー！」とこんな手紙を書きました。

「おじいちゃんへ
おへやがスッキリしたら、みんなうれしいとおもうよ！　こんどおじいちゃんちにいったらキレイだったらうれしいな！」

それをもらった父はというと……おじいちゃんがんばる！　と宣言。

早速、趣味の釣り道具部屋を片付け、孫にすっきりした部屋を披露していました。娘が親に言うと気まずい空気になることは、孫から！　が効果的かもしれません！

両親の家を片付けたいときのアイデア

* 両親と同世代のスッキリきれいな部屋の写真を見せる
* 片付けが防災にもつながるよ、と伝える
* 「もっと使いやすいスッキリしたキッチンにしよ〜！」と孫と一緒に整理
* 直接伝えると角が立つ場合は、お片付け本や雑誌を貸して読んでもらう

IDEA

片付けの苦手な両親には孫からの手紙が効果的！

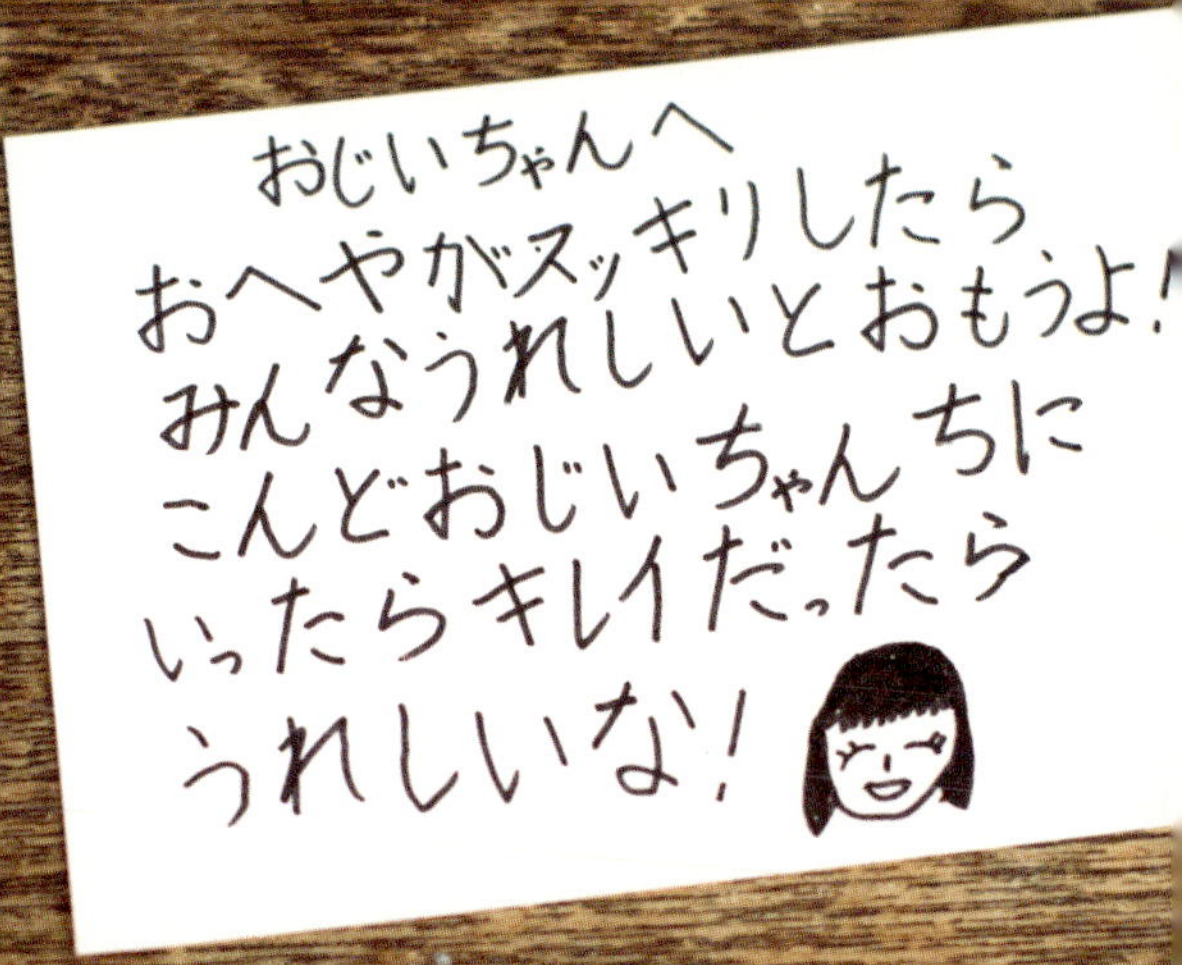
おじいちゃんへ
おへやがスッキリしたら
みんなうれしいとおもうよ！
こんどおじいちゃんちに
いったらキレイだったら
うれしいな！

MAMA ARUARU

12 恥ずかしくて、パパに素直にありがとうが言えない

パパが久々の週末休み。疲れているなか、家族で久しぶりにお出かけ。「仕事が大変なのに、連れていってくれてありがとうね」。

本当は素直にありがとう、と言いたいのに恥ずかしくて言えない。

そんなスタッフが、それでもパパに気持ちを伝えるためにやっている方法。

「今日のお出かけは、パパの計画のおかげでした〜！　みんなでお礼を言いましょう〜、せーの、あ〜り〜が〜と〜！」

なるほど！　自分だけだと恥ずかしいけど、子どもを交えて一緒に言っちゃう！　子どもにも、パパのおかげであることを伝えられて、とてもいい方法だなと思いました。

スタッフ佐藤は、子どものいいところを褒めるとき、「パパに似たんだね〜！　パパのおかげだね！」と伝えるように。直接褒めるのは恥ずかしくても、これならなんだ

かできそうですね！

スタッフ西口は、パパに毎月のお小遣いを渡す袋に「ありがとう」のメッセージを。みんなそれを聞いてすばらしい〜と拍手が起きました！

さてそんなわたしはというと、パパに「ありがとう」は日ごろからよく伝えるようにしています。仕事も家も、ほぼ24時間一緒だからこそ、小さな「ありがとう」は大事に（ここにいたるまでには大げんかもしましたけれど！）。何度言われてもいやな気持ちにならない魔法の言葉ですね。

IDEA

子どもと一緒に、「ありがとう！」を言ってみる

パパへの感謝の伝え方アイデア

* ＊メールやLINEで「ありがとう」とかわいいスタンプ付きで送ってみる
* ＊毎月１日は「ありがとうの日」と決めて、感謝の気持ちを家族で伝え合う
* ＊「あざーっす！」「サンキューです！」とおどけて笑いを誘う
* ＊「すごく助かったよ」「パパの言う通りにして良かった！」と、ありがとうに代わる言葉で伝えてみる

MAMA ARUARU

13 あ〜、明日お弁当つくるのいやだな……

わが家の双子は、学校を終えると毎日学童保育へ。春休み、夏休みと長期休みの間は毎日お弁当生活がはじまります。ときどきならいいのですが、毎日続くとおっくうに。そんな日もありますよね。

とはいえ、つくらないわけにはいかないのが現状。そんなときは、前の晩に、【とりあえず、空のお弁当箱だけキッチンの上に出しておく！】という作戦を。

朝起きて、お弁当づくりがおっくうだと感じても、お弁当箱が準備されているだけで、一歩前進している気分。よし……がんばるか！　と気合いが入り、昨日の自分に感謝！　の気持ちもわいてきます。

こういった、ほんのちょっとだけ先に準備しておくことを「仕掛かり家事」と呼んでいます。他にも、ゴミ出し面倒だな……と感じたら、替えのゴミ袋を1枚だけ前の晩に出しておくなど、小さな「仕掛かり家事」が明日の自分を助けてくれますね。

お弁当づくりアイデア

＊おかずを夜につくっておいて朝は詰めるだけにしておく
＊たまには使い捨て容器を利用する
＊1品は市販のおかずを入れてもOKと、ゆる〜いルールも◎
＊おかずに困ったときは「お弁当／簡単／おかず」と画像検索してみる

IDEA

前の晩に、空のお弁当箱をとりあえず出して「仕掛かり家事」をしておく！

MAMA ARUARU

14 どうしよう、やることがいっぱいで、気ばかり焦る……

今年、子どもが小学校に入ったスタッフ上垣内。保育園に通う下の子どももおり、仕事はもちろん、家事もやることがいっぱい。新しい生活の変わり目で、「行事も、やらなければならないこともいっぱいで、なんだか気が焦る……」、そんな時期があったそう。

そういうとき、OURHOMEでは「まず、頭のなかを目に見えるように一旦書き出そう！」とよく言っています。仕事で伝えていたことを家でも実践してみたそう。

- 水筒にお茶を入れる
- 朝ごはんをつくる
- 保育所の連絡帳を書く
- おにいちゃんの忘れ物チェック
- 自分の身支度

・PTAの資料提出
などなど……。

やることを減らしたわけではないのに、書き出して目に見えるだけで人は安心するものです。

わたしは日曜の夜に5分だけ使って、翌週のやることをノートに書き出すことが毎週の習慣となっています。ノートを用意しなくても、裏紙にメモでも十分！ とにかくこんがらがった頭の中身を一旦ぜーんぶ出して、優先順位をつけて取り組んでいきたいですね。

IDEA

焦ったときは、まず書き出して「見える化」！

気が焦るときのアイデア

＊ 手書きするのがおっくうならスマホのメモアプリに入力する
＊ 声に出して家族に伝えるだけでもモヤモヤがマシになることも◎
＊ 1日のルーティンを書き出した紙を冷蔵庫などに貼っておく
＊ 毎朝1分、今日のやることを書き出すことをルーティン化する
＊ 定期的にする家事は、かかる時間を計って時間を読めるように

MAMA ARUARU

15 仕事と家庭のスイッチがうまく切り替わらない……

仕事でミスをしてしまった、今日は自分の思ったところまでできずに仕事を残してきてしまった。帰り道、そんな風に自分を責めてしまう日も、ありますよね。そのまま家に帰ってもずるずると気持ちを引きずってしまったり……。

ＯＵＲＨＯＭＥのスタッフにも、どうやらそんな日があるようです。スタッフ矢原は、気持ちの切り替えとして、いつもより一駅手前で電車を降りて歩いて帰るのだそう。ゆっくりと道を歩きながら、今日の仕事を振り返ったり、明日のことを考えたりそして子どものことを想ったり。歩いているうちにだんだんと気分が変わるそう。たとえば自転車通勤でも、いつもの道のりを時には歩いてみるのもいいですね。

ちなみにわたしの切り替えスイッチは、帰宅後、夫とビールで乾杯！　ともすればずるずる引きずりそうな日も、「今日はこれができたから良しとしよう！」など小さな今日のできたことを話題に乾杯！　しています。

スイッチ切り替えアイデア

＊家に帰ったらルームウェアに着替えてスイッチオフ
＊10分でも本屋やカフェに立ち寄って気分転換する
＊おいしいパンを買って帰る。香りに癒されて、帰宅後の楽しみもできる
＊「パンッ！」と手をたたいて気持ちの切り替えスイッチ！

IDEA

電車を一駅手前で降りて、歩いてみる。自分のスイッチを決める

MAMA ARUARU

16 気づくとついついスマホを触ってしまう……

スマホがなかった時代は一体、何をして過ごしていたんだろう……と思うくらい、スマホが生活の一部、いや体の一部になっているような気さえしてしまいます。わたしも毎日、ソファーでニュースチェック、SNSで友達と会話し、料理のレシピを見て、と1日何時間スマホを触っているのだろうと思うくらい。

そうしていると、やっぱり家族との会話の時間も少なくなるし、話を聞いているようで聞いていないときもあったり。「おかあさん！」と呼ばれてドキッとするときもあるのです。

これじゃあいけないなと、今では基本的には、着信やメールがきても音が鳴らない設定に。ピピピッと音が鳴ると、どうしても気になってチェックをしてしまうので、音を鳴らさず、時間を決めて自分から見にいくというようにしています。それでもちょこちょこ見てしまうときは、あえて玄関にスマホを放置！

IDEA

消音にして、寝るときは寝室に持ち込まない。ときどき「プチスマホ断食！」

スタッフ上垣内は、夜なかなか寝付けないというときについついスマホを触って時間つぶし。するとますます寝付けなくなって悪循環、ということがあったそう。あるときから、環境を変えようと、スマホを寝室に持ち込まない作戦に！　そうすると目を閉じて休むしかなくなりますよね。

自分のクセを理解して、環境をつくれるようになると、日々の暮らしが前向きに変わってきますね。

自分のためにも、子どものためにも、ときどき「プチスマホ断食」してみるのもいいかもしれませんね。

スマホ断食アイデア

＊夜 7 時から 9 時までなど、時間を区切ってスマホを触らない時間をつくる
＊帰宅後は、あえてカバンに入れたままにしておく
＊通勤電車に乗っている間は読書のタイミングにする
＊スマホでのネットサーフィンは 15 分だけ、と時間を決めてする

MAMA ARUARU

17 お！　なんだか今年は調子がいい！

「この冬、そういえば家族みんな風邪ひいてないなあ」

「ここ最近、料理を家族に褒められることが多いかも」

そんな風に、最近うまくいってるなあというときこそ、わたしは記録に残すようにしています。たとえば、ひと冬通して、家族みんな風邪をひかずに乗り切れた昨年の冬。どうしてうまくいったのかな？　と振り返ると、

・1時間に1回かならず水分をとるようにしている

・加湿つきの空気清浄機を購入！　湿度を気にするように

・朝ごはんに野菜のスープを飲むようになった

・寝る前にストレッチをしている

こうしてノートに残しておくと、来年の冬にこのページを見て、また気を引き締めるきっかけにもなります。**【うまくいったことを残して次に生かす】**。反省ももちろん大事だけれど、意外と見落としがちなうまくいった日の振り返り、大事ですね。

調子がいいときのアイデア

＊仕事でうまくいったこともノートに記録する

＊手書きが面倒なら、スマホのメモアプリに残す

＊忘れてしまわないように、良かったことは家族の話題にする

＊家族や同僚、友人のうまくいっていることを伝えてあげても◎

IDEA

「うまくいったことを残して次に生かす」

Emiさん教えてQ&A　片付け編

Q 毎日、新聞がいつも読み切れず、置いているうちにすぐに溜まってしまうんです……。読まずに溜めてしまう自分にうんざり。どうしたらいい？

これは新聞だけではなく、本、雑誌、フリーペーパーなども同じく、という方も多いかもしれませんね。いつか読もう、読もう！　読める時間はやってくるはずだ！　と。じつを言うとわたしも昔はそうでした。時間ができたら読めるはず、きっといいことが書いてあるし、読まないと損！　なんて思ったり。でも、あるとき「読めなかった自分、時間を有効活用できなかった自分へのストレス」のほうが大きくなっていることに気づきました。そこからは、すべてのものは「一度目を通したその瞬間にすべて吸収する！」と思って、一度きりしか読まないことにしています。その時間で読める分だけ、それがすべて！の気持ち。たった一度きり！　と思いながら読むと、吸収力もまったく違うということにも気づきました。ちなみに、子どもが学校からもらってきたプリントも同じく、一度しか読まない！　と決めて読んでいます。

Q いろんな収納本やノウハウを見て、真似ばかりするわたしってダメでしょうか？

最初は真似でもまったく問題ないと思いますよ！　そっくりそのまま真似してみることで、「あれ？　これは自分には合っていなかったな」「これは、ぴったり！」と発見があるものです。頭で考えていたときよりも、ずいぶん進んでいるはず。まずは、「真似できる行動力がある自分」を褒めてあげてください！

Q その日じゅうに終えたい家事を終えられなくて落ち込む……

「夜に洗い物をしない」「洗濯物は外に干さない」。そんなわたしは、ある意味、一般的な「ふつう」のやることはできていないのかもしれません。

でも、わたしはやらない選択肢を「あえて選んでいる！」とポジティブに考えています。状況が同じだったとしても、気持ちの持ちようひとつで景色が変わるかもしれませんよ！

Q

収納グッズを買うのはお金もかかるし、どこからどう手をつけていいかモヤモヤしているうちに時間が経って前に進まないのですが……。

そういうときは、「お金のかからない」ことから取り組むのはどうでしょうか。たとえば、テーブルやソファーの位置を模様替え。これなら、今すぐに取り組めること。ひとつ配置が変わると、あれやこれやと思いつきがあったり、今まで必要だと思い込んでいたものが不要だな～と気づけたりもするのです。

Q

洋服、食器、本、雑誌、手紙など、すべてのものが整理できておらず、自宅がくつろげる空間になっていないのが悩みです。

なるほど。細かいところに目がいってしまう気持ち、よくわかります。わたしも新婚当初は、掃除というと、細かいところから先にはじめて、よく夫に「大きく片付けて～」と言われていました。

くつろげる空間になっていない、と書いてありましたが、ではあなたにとって「くつろげる空間」とはどんなものでしょうか？　自分にとって、どんな空間が理想なのか、言葉でも、ビジュアルでも（たとえば雑誌を切って貼ってみたり）、イメージを明確にすると、細かい片付けよりも大事なことに気がつけるかもしれませんね。

Q

家のなかは片付いています。しかし毎日とても努力をして片付けていて、疲れが溜まっていきます。もう少しラクな方法、気持ちで毎日やるにはどうしたらいいでしょうか？

すばらしい！　と思いました。家のなかが片付いている、と言えること。ただ、疲れが溜まっているというのは、困りましたね。空間が片付いても、心のなかが片付いていないということかもしれません。自分のできないことを認めたり、しんどいときは、しんど～い！　やらな～い！　と自分に、甘く、ゆるくすることも大切ですよ。がんばりやさんだと思うので、時には、1ヵ月に一度のパジャマデーをつくって、一日中ダラダラ過ごすのもありかも!?

おわりに

最後までお読みくださりありがとうございました。11冊目となるこの本は、わたしだけではなくスタッフ8名のアイデアを一緒にお届けするという新しい形に挑戦しました。

企画構成をはじめた当初から、テーマはぶれずに「家族みんなをごきげんにする仕組みを伝えたい！」その先にある大きなテーマは、家族コミュニケーション。

・ぞうきんを真っ黒にして〜！　と、子どもの心をくすぐる声かけ
・トイレのスリッパを揃えてくれないパパに、スリッパマークの仕掛け
・子どもにどうしてもイライラする日は、おばあちゃんになりきる！

ひとつひとつのアイデアはとてもシンプルで、お金をかけず今の暮らしのなかででできるとても簡単なことです。いつもわたしたちが家族との暮らしのなかでやっている

いわゆる「ふつうのこと」。でも、この簡単でシンプルなことを「行動にうつすことができるか」というと、これが意外と難しくもあったりします。

独立して6年、たくさんのレッスン生やお客様にお目にかかるなかで感じるのは、素直な人はいつまででも成長できる、かわれる！　ということ。

こんなこと、やったってうちの家族には通じないわ、これは無理よ～と思わず、今日、たったひとつでもトライしてみてほしいのです。わたし自身、スタッフから教えてもらったアイデアで今の暮らしがもっとよりよいものになっていることを実感しています！

最後になりましたが、いつも楽しみにお待ちくださる読者のみなさま、そしてインタビューや掲載に快く協力してくれたOURHOMEスタッフ&家族のみんな！　この本にかかわってくださったすべてのみなさまに感謝をこめて。

2018年9月　OURHOME　Emi

Emi（えみ）

整理収納アドバイザー。OURHOME主宰。2008年ブログ「OURHOME」を開始。2009年生まれの双子の母。家族をまきこみ、気持ちがラクになる片付けが得意。大手通販会社での8年にわたる商品企画の経験を生かし、オリジナルのものづくりも行っている。これまでに『仕事も家庭も楽しみたい！わたしがラクする家事時間』（ワニブックス）、『わたしの暮らし、かえる、かわる。』（PHP研究所）など著書10冊、NHK『あさイチ』などメディア出演も多数。

OURHOMEとは

「みつかる、私たち家族の“ちょうどいい”暮らし」をコンセプトに整理収納、時短家事、子どもと一緒の暮らしのアイデアを日々発信。またオリジナルの商品の企画開発、オンラインショップを行う。スタッフ8名はすべて小さな子どもを持つママ。赤ちゃん連れ勤務、時短勤務など“ちょうどいい”働き方を実践中。兵庫県・西宮に「くらしのレッスンスタジオ」「OURHOME SHOP」がある。

HP ＆オンラインショップ
…… https://ourhome305.com
ブログ …… https://ourhome305.exblog.jp
インスタグラム …… @ourhome305

OURHOME
＼いつもごきげんな“わたし”でいたい！／
家事、育児の仕組みづくりと気持ちの切り替えアイデアBOOK

2018年9月18日　第1版第1刷発行

著　者　Emi
発行者　清水卓智
発行所　株式会社PHPエディターズ・グループ
〒135-0061　江東区豊洲5-6-52
TEL　03-6204-2931
http://www.peg.co.jp/
発売元　株式会社PHP研究所
東京本部　〒135-8137　江東区豊洲5-6-52
普及部　TEL　03-3520-9630
京都本部　〒601-8411　京都市南区西九条北ノ内町11
PHP INTERFACE　https://www.php.co.jp/
印刷所
製本所　凸版印刷株式会社

ISBN978-4-569-84155-7